JN242263

ワクワクゆめみる

おんなのこの めいさく だいすき

ささき あり

西東社

もくじ

びじょと やじゅう

世界の名作（フランス）／ボーモン夫人

まずしい　しょうにんが　しごとの　かえり、
もりの　なかで　みちに　まよいました。
もりの　おく　ふかくに　すすんでいくと、
きゅうでんが　ありました。
しょうにんは　きゅうでんの　バラを　みて、
むすめたちに　たのまれた　おみやげを　おもいだしました。
ふたりの　あねは　ごうかな　ドレスを　ねだりましたが、
すえむすめは　バラを　いっぽんだけ　たのんだのです。
しょうにんは　バラを　おりました。

すると、 おそろしい うなりごえを とどろかせて、
やじゅうが あらわれました。
「おまえは わたしが だいじに している
　 バラを ぬすむのか？」
しょうにんは ふるえながら、 くびを よこに ふりました。
「むすめに バラの おみやげを たのまれていたので、
　 すこし わけてもらおうと おもったのです」
「むすめが いるのなら、 ひとり つれてこい。
　 そうすれば、 おまえの いのちを たすけてやろう」

しょうにんは　いえに　かえると、
むすめたちに　やじゅうに　いわれたことを　はなしました。
ふたりの　あねは　いやがりました。
あねたちの　ゆめは、　おかねもちと　けっこんして　たのしく
くらすことだったので、　やじゅうの　もとへ　いくなんて、
ふこうに　なるとしか　おもえなかったのです。
でも、　すえむすめの　ベルは　ちがいました。
「おとうさんが　たすかるなら、
　わたしは　よろこんで　やじゅうの　もとへ　いくわ」
ベルは　ひとりで　きゅうでんへ　いきました。

きゅうでんには　ベルの　へやが　よういされていました。
その　へやは、　ほかの　どの　へやよりも　きらびやかで、
たくさんの　ほんと　がっきも　ありました。
「わたしの　すきなものばかりだわ。
　しんぱいしていた　おとうさんは、　どうしているかしら……」
すると、　へやの　おおきな　かがみに、
いえに　いる　おとうさんが　うつしだされました。
おとうさんが　ぶじで　いることが　わかり、
ベルは　ほっとしました。

やじゅうは　まいにち、　ゆうがたにだけ　あらわれました。
「たのしく　くらせているか？
　なにか　ひつようなものが　あれば、　いってくれ」
ことばは　すくなくても、
やさしい　きもちが　つたわってきます。
ベルは　やじゅうに　あうと、
ほっとするように　なりました。

あるひ、 かがみに びょうきで ねこむ おとうさんが
うつしだされました。
しんぱいで しょくじも のどを とおらなくなった ベルを、
やじゅうは さみしそうに みつめました。
「あなたが いなくなったら、
　わたしは かなしくて、 しんでしまうだろう。
　でも、 あなたの かなしむ かおを みるのは、
　もっと つらい。 おとうさんの もとへ かえりなさい」
ベルは やじゅうの きもちを うれしく おもいました。
「いっしゅうかん たったら、
　かならず ここに もどってきます」
ベルは そう やくそくして、 いえに いそぎました。

ベルが　いえに　かえると、

おとうさんは　とても　よろこび、げんきに　なりました。

しらせを　きいて、　およめに　いった　ふたりの　あねも

やってきましたが、　ベルに　あったとたん、

かおを　しかめました。

ベルが　うつくしく　かがやいていたからです。

あねたちは、　おっとと　けんかばかりしていたので、

しあわせそうな　ベルが　にくらしくなりました。

「あのこを　ながく　ここに　いさせれば、

　　やじゅうが　おこって、あのこを　たべるでしょう」

「じゃあ、　やさしい　ふりを　して、

　　あのこを　ひきとめましょう」

いっしゅうかんが　すぎて、

ベルが　きゅうでんに　もどろうとすると、

あねたちは　なみだを　ながして　ひきとめました。

ベルは　あねたちの　たのみを　きくことに　しましたが、

こころは　はれませんでした。

やじゅうに　あえないことが　さみしかったのです。

とおかが　すぎた　よる、

ベルは　きゅうでんの　ゆめを　みました。

にわに　やじゅうが　たおれ、　くるしそうに　うめいています。

めを　さました　ベルは、

いそいで　きゅうでんに　かえりました。

ベルは　にわに　たおれている　やじゅうを　みつけると、
つよく　だきしめました。
「おねがい、　めを　あけて。　あなたが　いなくなるなんて、
　たえられない。　あなたを　あいしているの」

とたんに、　やじゅうの　すがたが
うつくしい　おうじに　かわりました。
おうじは　ベルの　まえに　ひざまずきました。
「わたしは　となりの　くにの　おうじです。
　わるい　まじょに　まほうを　かけられ、
　やじゅうの　すがたに　かえられていました。
　あなたが　わたしを　あいしていると　いってくれたので、
　まほうが　とけたのです」
ふたりは　おうじの　くにで　けっこんしきを　あげ、
ずっと　しあわせに　くらしました。

ふんわり おうじょ

世界の名作（イギリス）／ジョージ・マクドナルド

ある　くにの　おうさまと　おきさきさまに
まちにまった　おうじょが　うまれました。
おうさまは　とても　よろこび、　いわいの　かいに
おおぜいの　ひとを　しょうたいしました。
ところが、　たった　ひとり　とおい　しんせきの　まじょを
しょうたいしわすれてしまったのです。
おこった　まじょは、　おうじょに　のろいを　かけました。
「こころは　からっぽ、　からだは　ふんわり。
　かなしい　うんめいを　せおって　いきよ」

おうじょは　うでに　だいても、ふわふわ　うかびあがり、
まどを　あければ　かぜに　さらわれるように　なりました。
そのたびに　きゅうでんじゅうが　おおさわぎ。
みなで　おうじょを　さがしまわらなければ　なりません。
おうじょは　バラの　しげみの　したで　すやすや
ねむっているのを　みつけられたことも　ありました。

ひとびとを　はらはらさせながらも、　おうじょは
すくすく　そだち、　うつくしい　むすめに　なりました。
ただ、　いつ　どこへ　とんでいってしまうか　わからないので、
おうじょが　そとを　あるくときは　たいへんでした。
しんぱいした　おうさまは　おうじょの　ふくに
20ぽんの　ひもを　ぬいつけさせ、
20にんの　けらいに　ひもを　にぎらせました。

おうじょが　じゆうに　なれるのは、

みずうみに　いるときだけ。

みずの　なかに　いるあいだ、

おうじょは　うかびあがることなく、

およいだり　もぐったりすることが　できたのです。

ある　がくしゃは　いいました。

「かなしみや　よろこびなどを　かんじる　こころを

　とりもどせば、　からだも　もとどおりに　なるだろう」

しかし、　どんなに　かなしい　はなしを　きかせても、

こころが　からっぽの　おうじょが

なみだを　ながすことは　ありませんでした。

あるとき、　よその　くにの　おうじが　けらいたちと
はぐれて　さまよううち、　みずうみの　ほとりに　でました。
みずうみでは　おうじょが　ひとりで　およいでいました。
「たいへんだ。　ひとが　おぼれている！」
かんちがいした　おうじは　みずうみに　とびこみ、
おうじょを　きしに　たすけあげました。
ところが、　みずから　はなれたとたん　おうじょは
ふわふわ　まいあがってしまったのです。
おうじょは　かぜに　ながされながら　いいました。
「はやく　わたしを　みずに　もどしてください」

おうじは　おうじょを　おいかけて　だきしめると、
みずうみに　とびおりました。

ドッブーン！

いきおいよく　みずに　とびこんだ　おうじょは、
ふしぎな　きもちに　なりました。
ふわふわ　うかんでばかりいる　おうじょにとって、
したへ　おちると　いうのは　はじめての　ことだったのです。
おうじょは　おうじに　たのみ、
それから　まいばん　いっしょに　みずうみに
とびこんでもらうように　なりました。

しかし、そんな おだやかな ひは
ながく つづきませんでした。
おうじょと おうじの ことを しった まじょが
みずうみに のろいを かけたのです。
みずうみには あなが あき、
どんどん みずが へっていきました。
みずうみが かれていくにつれて おうじょも げんきを
なくし、ついに びょうきに なってしまいました。
おうじは おうじょの ことが しんぱいで なりません。

しばらくして、　おうさまの　おふれが　だされました。

「のろいで　あけられた　みずうみの　あなは
　ひとの　からだでないと、　ふさぐことが　できない。
　この　やくを　ひきうける
　ゆうかんな　おとこを　もとめる」

「ぼくが　ぎせいに　ならなければ、
　おうじょは　しんでしまうだろう」
あいする　おうじょのため、　おうじは　みずうみの
あなを　ふさぐ　やくを　ひきうけると、　もうしでました。
「ただ、　おうじょさまに　しぬまで
　みまもってもらいたいのです」

おうさまは　おうじの　たのみを　ききいれ、
おうじょを　こぶねに　のせて　つきそわせました。
しかし、　こころが　からっぽの　おうじょには、
おうじの　きもちが　わかりません。
おうじを　ぼんやりと　ながめるだけです。
その　あいだに　みずは　どんどん　ふえていきました。

いよいよ　くびまで　みずが　せまってくると、
おうじは　さいごの　おねがいを　しました。
「おうじょさま、　キスしてくださいませんか」
おうじょは　やさしく　キスを　しました。
おうじは　うれしそうに　ためいきを　つきました。
「これで　しあわせに　しねます」
みずが　おうじの　かおを　しずめると、
おうじょは　これまで　かんじたことのない
くるしい　きもちに　なりました。
そして、　いそいで　おうじを　こぶねに　ひっぱりあげました。

おうじょは　ひとばんじゅう
おうじの　かんびょうを　しました。
もう　だめかと　あきらめかけたとき、
おうじが　めを　さましました。
おうじょは　うれしくて　わっと、　なきだしました。
ないて　ないて　ようやく　なみだが　とぎれたとき、
おうじょは　からだが　ふわふわ　うかばないことに
きがつきました。
おうじへの　あいで　こころを　とりもどし、
からだが　もとどおりに　なったのです。

みずうみの　のろいも　とけ、
みずは　もとどおりに　なりました。
まもなく、　おうじょと　おうじは
けっこんしきを　あげました。
ふたりは　いつでも　すきな　ときに
みずうみに　とびこみ、
こころから　たのしそうに　わらいました。

マーシャと くま

世界の名作 (ロシア) ／ M・ブラートフ

もりの ちかくの むらに おじいさん、 おばあさんと
くらす マーシャと いう おんなのこが いました。
あるひ マーシャは もりで まいごに なってしまいました。
マーシャは かえりみちを さがして あるきまわり、
ますます もりの おくに まよいこんでしまいました。
ふと、 きぎの むこうに こやが みえます。
「ああ、 よかった」
マーシャは こやの とを たたきましたが、
へんじは ありません。
おすと とが あいたので、
マーシャは なかに はいりました。
「いえの ひとが かえってきたら、
　かえりみちを おしえてもらおう」

そこへ　かえってきたのは　おおきな　くまでした。
マーシャは　びっくりして　こえも　でません。
くまは　ひくい　こえで　いいました。
「いい　めしつかいが　できた。
　　おまえは　ここで　はたらいてもらうよ」
マーシャは　すぐにも　にげだしたかったのですが、
「にげたら　すぐ　つかまえて　たべてやる」
と　くまが　いったので、　うなずくしか　ありませんでした。
そのよる、　さっそく　くまに　いいつけられて、
マーシャは　おかゆを　つくりました。
くまが　ねたあと、　マーシャは　かんがえました。
（どうしたら、　うちに　かえれるかしら）

そうして　くまの　いえで　はたらくように　なって
みっかご、マーシャは　くまに　いいました。
「くまさん、わたしを　むらへ　いかせて。
　おじいさんと　おばあさんに　おかしを　もっていきたいの」
「だめだ。おまえは　ここに　いるんだ。
　かわりに　わたしが　もっていこう」
「でも、くまさんは　とちゅうで
　おかしを　たべちゃうでしょう？」
「いいや、そんなことは　しない」
「じゃあ、わたしは　きに　のぼって　みているわね」
「わかったよ。さあ、つづらを　かしな」
「その　まえに　そとに　でてみて。
　あめが　ふっているかもしれないから」
くまが　そとに　でると、
マーシャは　おおいそぎで　つづらに　もぐりこみ、
おかしの　おさらを　あたまの　うえに　のせました。

もどってきた　くまは、　つづらを　せおって　でかけました。
おかを　のぼったところで　ひとやすみ。
「ここまで　くれば、　みつからないだろう。
　きりかぶに　こしかけて、　おかしを　たべよう」
ふたを　あけようと　した　そのとき、
つづらの　なかの　マーシャが　いいました。
「みえるよ、　みえる。　きりかぶは　だめ。
　おかしは　もっと　だめ。
　もっていくのよ、　おばあちゃんに。
　もっていくのよ、　おじいちゃんに」
くまは　びっくりしました。
「あのこは　ずいぶん　とおくまで　みえるんだなあ」
そして、　すぐに　たちあがって　あるきだしました。

くまは　ずんずん　あるいていきました。

たにを　くだったところで　ひとやすみ。

「ここまで　くれば、　みつからないだろう。

　きりかぶに　こしかけて、　おかしを　たべよう」

ふたを　あけようと　した　そのとき、

つづらの　なかの　マーシャが　いいました。

「みえるよ、　みえる。　きりかぶは　だめ。

　おかしは　もっと　だめ。

　もっていくのよ、　おばあちゃんに。

　もっていくのよ、　おじいちゃんに」

くまは　またまた　びっくり。

「うんと　たかい　ところから　みているんだなあ」

そして、　すぐに　たちあがって　あるきだしました。

くまは　たにを　こえ、　のはらを　ぬけて
ようやく　むらに　つきました。
「マーシャの　おじいさんと　おばあさんの
　いえは　どこかな？」
くまが　つぶやくと、　えだに　いた　ことりが　こたえました。
「あかい　やねの　おうちだよ」
くまは　あかい　やねの　いえに　かけよって
とを　たたきました。
ドンドン、　ドンドン。
「あけておくれ、　マーシャの　おかしを　もってきたよ」

ところが、　ドアが　あくよりも
さきに　いぬが　あつまってきました。
「う〜わん、　わん！」
くまの　においを　かぎつけて、
むらじゅうの　いぬが　かけよってきます。
「くるな、　あっちへ　いけ！」
くまが　どなると、
いぬは　つぎつぎに　おそいかかってきました。
「わあ〜」
くまは　あわてて　つづらを　おき、
ふりかえりも　しないで、　もりへ　にげていきました。

そのとき、　おじいさんと　おばあさんが
いえから　でてきました。
との　よこに、　つづらが　おいてあります。
「なにが　はいっているんだろう？」
おじいさんが　ふたを　あけると、
「ただいま！」
マーシャが　げんきよく　とびだしました。
おじいさんと　おばあさんは　よろこんで、
マーシャを　ぎゅっと　だきしめました。

きんの がちょう

グリム童話

わかものが　もりへ　きを　きりに　いくと、
こびとが　ふらふら　あるいてきました。
「おなかが　すいて　ちからが　でません。
　たべものを　わけてくれませんか」
「いいよ」
わかものは　おべんとうを　こびとに　あげました。

「あなたは　とても　やさしいですね。

　おれいに、　いいことを　おしえましょう。

　あの　きを　きりたおしてごらんなさい」

そう　いって、　こびとは　どこかへ　いってしまいました。

わかものが　きを　きりたおすと、

きんの　がちょうが　とびだしてきました。

わかものは　きんの　がちょうを　だいて、
まちへ　いきました。
「くらくなってきたな。　どこかに　とまらせてもらおう」
きょろきょろしていると、
やどやから　ふたりの　むすめが　でてきました。
「まあ、　きれいな　とり！」
ふたりは　きんの　がちょうが　ほしくなりました。
「よかったら　うちに　とまってください」

あけがた、 むすめたちは わかものの へやに
しのびこみました。
いっぽんだけ きんの はねを もらおうと おもったのです。
ところが、 おねえさんが がちょうを さわったとたん、
てが ぴったり くっついて はなれなくなってしまいました。

「おねえさん、　だいじょうぶ？」
びっくりした　いもうとが　おねえさんを　ひっぱると、
てが　おねえさんに　ぴったり　くっついてしまいました。
「きゃあ！」
わかものは　さけびごえに　おどろき、
きんの　がちょうを　だいて　そとに　とびだしました。
むすめたちが　きゃあきゃあ　さけんで　ついてきます。

ぼくしさんが　かけよりました。

「どうしたのですか？」

いもうとの　かたに　ふれたとたん、

ぼくしさんの　ても　くっついてしまいました。

おなじように、　パンやさんに、　くつやさん、　おいしゃさん、

おまわりさんと、　つぎつぎに　くっついていきました。

みんなで　ひろばを　ドタドタ　あるいていく　ようすを
おしろの　まどから　おひめさまが　みていました。
「まあ、　おかしな　かっこう……」
おひめさまは　くすくす、　そして　あはははと、
おおきな　こえで　わらいはじめました。
おうさまは　びっくりしました。
「ひめが　はじめて　わらった」
そのとき、　がちょうに　くっついていた　ひとたちの
てが　いっぺんに　はなれました。

おうさまは、　わかものを　おしろに　よびました。
「ひめは　うまれてから　いちども　わらったことが
　なかったので、　ずっと　しんぱいしていたのだ。
　でも、　そなたの　おかげで、
　はじめて　わらった　かおを　みせてくれた。
　そなたにこそ、　ひめと　けっこんしてもらいたい」
こうして、　わかものは　おひめさまと　けっこんし、
わらいの　たえない、　しあわせな　まいにちを　おくりました。

ゆきむすめ

ロシアの昔話

むかし、　こどもの　いない
おじいさんと　おばあさんが　いました。
ゆきの　ひ、　そとで　あそぶ　こどもたちを　みて、
おばあさんは　おじいさんに　いいました。
「ねえ、　おじいさん。　ゆきむすめを　つくりましょうよ」
「それは　いいね、　いっしょに　つくろう」
ふたりは　にわに　でて、
ゆきで　おんなのこを　つくりました。

おばあさんは　できあがった　ゆきむすめを　みて
ほほえみました。
「なんて　かわいいこでしょう」
すると、　ゆきむすめが　あるきだしました。
ふたりは　びっくりしました。
「ゆきむすめが　うごいたわ！」
「いきているぞ」
ふたりは　ゆきむすめの　てを　とって、
いえに　はいりました。

ゆきむすめは　ひにひに　おおきくなり、
うつくしくなりました。
「おばあさん、　おはなしを　きかせてくださいな」
「おじいさん、　さんぽに　でかけましょう」
ゆきむすめは　おじいさんと　おばあさんに　あまえました。
おじいさんと　おばあさんは　ゆきむすめが　いるだけで、
しあわせでした。

ところが、 ゆきが とけだし、 はるが ちかづくにつれて、
ゆきむすめは げんきを なくしていきました。
おばあさんは しんぱいしました。
「ぐあいでも わるいのかい？」
ゆきむすめは くびを ふりました。
「いいえ。 なんでも ないわ」
　　あるひ、 きんじょの こたちが
　　ゆきむすめを さそいに きました。
　　「ピクニックへ いきましょうよ」
おばあさんは ゆきむすめを おくりだしました。
「いっておいで。 きぶんが よくなるよ」

ひが　くれると、　おじいさんと　おばあさんは
ゆきむすめが　しんぱいに　なりました。
「そろそろ、　かえってくるかね」
そのころ、　おんなのこたちは　おかの　うえで、
たきびを　とびこえる　あそびを　していました。
「さあ、　こんどは　ゆきむすめの　ばんよ」
ゆきむすめが　まごつくと、　おんなのこたちは　わらいました。
「とぶのが　こわいの？」
ゆきむすめは　きっと　かおを　あげました。
「いいえ」

ゆきむすめが　たきびを　とびこえたとき、
しゅっと　ゆげが　たちました。
みんなは　めを　ぱちくりさせました。
ゆきむすめが　いないのです。
「ゆきむすめ、　どこへ　いったの？」
みんなが　きょろきょろしていると、
そらから　ぽつんと　しずくが　おちてきました。
まるで、　なみだのような　しずくでした。

まほうつかいの でし

世界の名作（ドイツ）／ゲーテ

まほうつかいの　でしは、　はやく　まほうを　つかえるように
なりたくて　たまりません。
でも、　まほうつかいの　せんせいは　きまって　いいます。
「まだまだ　おまえには　はやい。
　いえの　しごとが　しっかり　できてからじゃ」
「ちぇっ、　じゅもんぐらい　ぼくだって　いえるのに……」

まほうつかいの　せんせいが　るすの　ひ、
でしは　まほうを　ためしてみることに　しました。
「まほうで　ぱぱっと、　みずくみを　おわらせよう」
おぼえた　じゅもんを、　かべに　たてかけてある
ほうきに　むかって　いいました。
「さあ、　ほうき、　よーく　きけ。
　ズーミ　ズーミ　ンジャンジャ　ズーミ、
　　あし　でろ　うで　でろ、　みず　くんでこい！」
たちまち、　ほうきの　さきが　われて　あしに　なり、
ぼうから　でた　うでで　おけを　つかんで、
そとへ　かけだしました。

ほうきは　ちかくの　いずみで
みずを　くみ、だいどころに　もどって
みずがめに　みずを　いれました。
まほうつかいの　でしは　おおよろこび。
「やった。うまくいったぞ」
みずがめが　いっぱいに　なったところで、
でしは　ほうきに　いいました。
「よーし、これで　きょうの　しごとは　おわりだ」

ところが、　ほうきは　みずはこびを　やめません。
ほうきが　どんどん　みずを　いれるので、
みずがめから　みずが　あふれだしました。
「どうしよう。　やめさせる　じゅもんが　わからない」
でしが　おろおろしている　あいだも、
ほうきは　みずを　はこびつづけます。
やがて、　ゆか　いちめんが、　みずびたしに　なりました。
「おわりだって　いっただろ。　やめろ、　やめろ〜！」

「そうだ、 ほうきを こわせば いいんだ」
でしは おので ほうきを まっぷたつに わりました。
すると、 ほうきは 2ほんに なってしまいました。
2ほんの ほうきは みずくみを やめるどころか、
まえにも まして、 どんどん どんどん みずを はこぶので、
へやが だいこうずいに なってしまいました。
「わあ〜、 たすけて〜！」

そこに　あらわれたのは、　まほうつかいの　せんせいでした。
「メーヤ　メーヤ　メダメダ　メーヤ、
　　ほうら　すべて　もとどおり！」
たちまち、　ほうきは　かべに　たてかかり、
へやの　みずも　きえました。
でしは　ほっと、　いきを　つきました。
「あ～、　よかったぁ」
でも、　そのあと、
せんせいに　こっぴどく　しかられましたとさ。

53

ピノキオ

世界の名作（イタリア）／カルロ・コッローディ

かぐづくりしょくにんの　ゼペットじいさんは　まるたで
にんぎょうを　つくると、　ピノキオと　なづけました。
ピノキオは　にんげんの　こどものように　うごいたり
しゃべったりしました。
ゼペットじいさんは　ピノキオを　わがこのように　おもい、
じぶんの　うわぎを　うって
きょうかしょを　かってやりました。
ピノキオは　よろこびました。
「おとうさん、　ありがとう。
　ぼく　いっしょうけんめい　べんきょうするよ」

ピノキオが　がっこうへ　むかっていると、

プップー　パラララッタッタ〜。

にぎやかな　おとが　きこえてきました。
おとの　するほうに　いくと、　しばいごやが　あります。
「さあさあ、　たのしい　にんぎょうげきが　はじまるよ〜」
「ぼくも　みたいなあ。
　でも、　おかねを　もってないし……。　そうだ！」
ピノキオは　きょうかしょを　うり、
しばいごやに　はいりました。

ぶたいで　にんぎょうたちが
うたったり　おどったりしています。
ピノキオも　ぶたいに　とびのり、
いっしょに　うたい　おどりました。
おきゃくさんは　はくしゅかっさい。
ピノキオは　きんかを　もらって、
おおよろこびで　しばいごやを
でました。

すると、　きつねと　ねこが　ピノキオを　よびとめました。
「きみ、　きんかを　もっているようだね。
　その　きんかを　もっと　ふやす　ほうほうが
　あるんだけど、　しりたいかい？」
「もちろん。　きんかが　ふえれば、
　おとうさんに　よろこんでもらえるもの」
「きんかを　うめれば、
　くだもののように　きんかの　なる　きが　はえてくる。
　そんな　ばしょへ　あんないしてあげよう」
ピノキオは　よろこんで、
きつねと　ねこに　ついていきました。
ところが、　もりに　はいると、　きつねと　ねこは
どこかへ　いってしまい、　かわりに　ふくろを　かぶった
ふたりぐみが　あらわれました。
「かねを　だせ！」

ピノキオは　くちの　なかに
きんかを　かくして　はしりました。

「たすけて！」

ピノキオは　さけびましたが、
とうとう　つかまってしまいました。
「くちに　かくした　きんかを　だせ！」
ピノキオは　ぎゅっと　くちを　つぐんで　だしません。
ふたりぐみは　ピノキオを　ロープで　しばると、
たかい　きの　えだから　つりさげました。
「おまえが　しぬころ、また　きてやる」
そういって　ふたりぐみは　さっていきました。

しばらくすると、　あおい　かみの　ようせいが
あらわれました。
ようせいは　いそいで　ピノキオの　ロープを　ほどきました。
「どうして　きに　つるされたの？」
「ふたりぐみに　かねを　だせって　おどされたんだ。
　ぼくは　おかねなんて　もってないのに」
すると、　ピノキオの　はなが　にょきにょきと　のびました。
ようせいは　くすくす　わらいました。
「うそを　つくと　はなが　のびるわよ。
　でも、　あなたが　いいこで　いたら、
　いつか　にんげんの　こに　してあげましょう」
ようせいは　にっこりして、
はなを　もとの　ながさに　もどしてくれました。

それから、ピノキオは　うちに　かえりましたが、
ゼペットじいさんは　ピノキオを　さがす　たびに
でてしまっていました。
そこで、ピノキオは　ようせいの　いえで
くらすことに　なりました。
がっこうに　かよいはじめた　ピノキオに、
ともだちが　いいました。
「あそんで　くらせる　くにへ　いかないか？
　べんきょうなんか　しないで　いいんだ」
ピノキオは　まよいましたが、
むかえの　ばしゃに　のってしまいました。

ついた　くには　とても　たのしい　ところでした。
おもちゃは　いくらでも　ありましたし、
ゆうえんちも　ありました。
まいにち　あそんで　5かげつが　たったころ、
ピノキオは　あさ　めを　さまして　ぎょっと　しました。
あたまに　ロバの　みみ、
おしりには　しっぽが　はえていたからです。
ロバに　なった　ピノキオは
サーカスに　うりとばされました。
まいにち　むちで　たたかれ、
きつい　きょくげいを　やらされました。

そんな　あるひ、
ピノキオは　あしの　ほねを　おってしまったのです。
サーカスの　だんちょうは　どなりました。
「やくたたずの　ロバは　いらん。　うってしまえ」
ピノキオは　いちばで　おとこに　かわれました。
「こいつの　かわで　たいこを　つくろう」
おとこは　ピノキオを　ころすために、
うみに　つきおとしました。
うみの　なかで　ピノキオは　もがきました。
すると、　いつしか　きの　にんぎょうの
すがたに　もどっていました。
ピノキオは　にげようと、
おきへ　むかって　およいでいきました。

ところが、　きょだいな　さめに
ピノキオは　のみこまれてしまいました。
さめの　おなかの　なかは　まっくらでした。
めを　こらすと、
おくに　ちらちらと　ひかりが　ゆれています。
ピノキオが　すすんでいくと、
テーブルの　うえに　ろうそくが　ともっていました。
なんと、　そこに　すわっていたのは　ゼペットじいさん！
ゼペットじいさんは　ピノキオを　さがして
ふねで　うみに　こぎだし、　さめに　のまれたのでした。
ピノキオは　ゼペットじいさんに　だきつきました。
「おとうさん！　すぐに　ここから　でよう」

ピノキオは　ゼペットじいさんの　てを　ひいて
さめの　くちまで　いきました。　と、

ぶえっくしょーん！

さめが　くしゃみを　した　いきおいで、
ピノキオと　ゼペットじいさんは　くちから　とびだし、
うみに　おちました。
「おとうさん、　ぼくに　つかまって」
ピノキオは　ゼペットじいさんを　せおって、
きしまで　およぎました。

うちに　もどってから、
ピノキオは　ちかくの　のうかの　しごとを　てつだったり、
かごを　あんで　うったりして　おかねを　かせぎました。
がっこうにも　かよい、きちんと　べんきょうしました。
あるばん、ゆめに　ようせいが　あらわれて　いいました。
「ピノキオ、あなたは　とても　いいこに　なりましたね」
めを　さました　ピノキオは　びっくりしました。
にんげんの　こどもに　なっていたからです。
ゼペットじいさんは　ピノキオを　だきしめました。
「おまえが　いてくれる　おかげで、わしは　とても
　　しあわせだ」

パンを ふんだ むすめ

アンデルセン童話

むかし、 インゲルと いう むすめが いました。
インゲルは なんでも じぶんが いちばんでないと
いやがり、 ほかの ひとを ばかにしていました。
おおきくなると まちへ でて、 おかねもちの いえに
すみこみで はたらくように なりました。
ごしゅじんふうふは インゲルを むすめのように
かわいがり、 きれいな ふくを きさせてくれました。
インゲルは きれいな ふくを
むらの ひとに みせびらかしたいと おもいました。

あるひ、　ごしゅじんの　おくさまが
インゲルに　おおきな　パンを　わたしました。
「インゲル、　この　パンを　おみやげにして
　おとうさん、　おかあさんに　あっておいで」
インゲルは　いちばん　いい　ふくと　くつを　はいて
でかけました。
「みんなに　わたしの　うつくしさを　みせつけてやるわ」
ところが、　とちゅうで　どろどろに　ぬかるんだ
ばしょに　でました。
「ようふくが　よごれたら　たいへん。
　おみやげの　パンを　ふんでいきましょう」
インゲルは　パンを　どろに　なげいれました。
しかし、　パンを　ふんだとたん、　ずぶずぶずぶ……。
インゲルは　どろの　なかに　しずんでしまいました。

ふかく　ふかく　しずんで　いきついたのは　じごくでした。
くらくて　じめじめした　どうくつのような　ところに、
やせた　ひとが　ちょうこくのように　たって
ならんでいました。
おなじように　インゲルも　たったまま
かたまってしまいました。
おなかが　すいても　なにも　たべられませんし、　むしや
へびが　まとわりついても　はらうことさえ　できません。
インゲルは　じごくに　おちたことを　うらみました。

インゲルが　じごくに　おちたことは、
むらの　みんなに　ひろまりました。
こどもたちは　インゲルの　うたを
うたうように　なりました。

　こころの　にごった　おんなのこ
　くつを　よごすまいと　パンを　ふむ

インゲルの　はなしを　きいた　こは　いいました。
「そんな　わるい　こなら、　くるしんでも　しかたがないね」
こどもたちの　こえは　じごくにも　とどきました。
インゲルは　はらを　たてました。
（どうして　パンを　ふんだぐらいで、
　こんなめに　あわなければ　いけないの！）

そんな　あるひ、ちいさな　おんなのこの　こえが
きこえてきました。
「インゲルは　もう　にどと
　このよに　もどってこられないの？」
そのこの　おかあさんが　こたえました。
「ええ。もう　にどと　もどってこられません」
「インゲルも　わるかったと　おもっているんじゃないかしら」
おんなのこの　ことばは　インゲルの　こころに
ふかく　しみこみました。

ながい　としつきが　たち、
ちいさな　おんなのこも　おばあさんに　なりました。
おばあさんは　しぬ　まぎわ、
インゲルの　はなしを　おもいだしました。
「かみさま、　わたしも　これまで、
　おもいやりの　ないことを　したと　おもいます。
　それでも、　あなたさまは　わたしを　てんごくに
　むかえようと　してくださいます。
　どうか、　インゲルの　ことも　みすてないでください」
これを　きいた　インゲルの　めから
なみだが　こぼれました。
（ああ、　かみさま。　わたしに　たりなかったのは
　こんな　やさしい　きもちです）
すると、　てんから　ひとすじの　ひかりが　のびてきました。

ひかりに　つつまれた　インゲルの　からだは
きりのように　きえ、　1わの　ことりに　うまれかわりました。
ことりは　にんげんの　せかいへ　とんでいきました。
にんげんの　せかいは　ふゆでした。
その　としの　ふゆは　ひときわ　さむさが　きびしく、
まちには　おなかを　すかせた　とりが　たくさん　いました。
ことりに　なった　インゲルは　しんせつな　ひとに　もらった
パンくずを　あつめては、　ほかの　とりたちに　やりました。

ことりの　インゲルが　あげた　パンくずは　すこしずつ
すこしずつ、　インゲルが　ふんだ　パンの　りょうに
ちかづいていきました。
そうして、　ぴったり　おなじに　なったときです。
ことりの　はいいろの　つばさが
しろく　おおきくなりました。
とりは　つばさを　ひろげて　ぐんぐん
そらを　のぼっていき、　やがて　たいようの
やさしい　ひかりに　つつまれて　みえなくなりました。

おりひめと ひこぼし

中国の伝説

ほしぼしが　かがやく　よぞら。
あまのがわの　ひがしの　きしに、　てんの　かみさまの
むすめ、　おりひめが　すんでいました。
おりひめは　はたを　おるのが　しごとで、
それは　それは　すばらしい　ぬのを　おりました。
あるとき、　てんの　かみさまが　いいました。
「そろそろ　けっこんしたら　どうだ？」

あいてとして　すすめられたのは、　ひこぼしです。
ひこぼしは、　あまのがわの　にしに　すみ、
うしを　かって　くらしていました。
ふたりは　ひとめで　こいに　おち、
けっこんして　いっしょに　くらすように　なりました。
ところが、　ふたりは　いつも　いっしょに　いて、
はたらかなくなりました。

てんの　かみさまが　ちゅういすると、
「あしたから　きちんと　はたらきます」
そう　あやまったにも　かかわらず、
ふたりは　あそんでばかり　いました。
とうとう、かみさまは　おこりました。
「この　けっこんは　まちがいだった。
　もとのように、はなれて　くらすが　いい！」
ふたりは　あまのがわの　ひがしと　にしに
わかれて　くらすように　なりました。

でも、　おりひめが　かなしんでいるのを　みて、
かみさまは　かわいそうに　おもいました。
「そんなに　あいたいのなら、
　しちがつ　なのかだけ、あうことを　ゆるそう」
こうして、ふたりは　いちねんに　いちどだけ
あえるように　なったのです。
そのひに　あめが　ふったら　どうするかって？
ふたりが　あえるように、
かささぎが　つばさを　つなげあって
あまのがわに　はしを　かけてくれるそうですよ。

はちかづき

日本の昔話

むかし、 なかなか こどもの さずからない
ふうふが いました。
ふたりは まいにち、 かんのんさまに おまいりしました。
やがて、 ねがいが かない、
かわいい おんなのこが うまれました。
しかし、 おかあさんが おもい びょうきに
かかってしまったのです。
「わたしが しんだあと、 あのこは くろうしないかしら」
おんなのこを しんぱいして なげいていると、
かんのんさまの こえが きこえてきました。
「むすめの あたまに はちを かぶらせなさい」
おかあさんは かんのんさまの おつげどおり、
おんなのこの あたまに はちを かぶせました。

おかあさんが　なくなったあと、
おとうさんは　あたらしい　おかあさんを　むかえました。
あたらしい　おかあさんは、
はちを　かぶった　おんなのこを　きみわるがりました。
「まるで　ようかいみたい」
おんなのこも　じぶんの　すがたが　きらいでしたが、
はちは　あたまに　ぴったり　くっついて、
とることが　できませんでした。
あたらしい　おかあさんに　あかちゃんが　うまれると、
おんなのこは　そっと　いえを　でました。
（おとうさま。　あたらしい　かぞくと
　　しあわせに　くらしてください）

おんなのこが　あるいていくと、
かわの　ほとりに　つきました。
「こんな　すがたで　いきていても　しかたがない」
おんなのこは　つめたい　みずに　とびこみました。
ところが、　はちの　せいで　からだが　ぷかぷか　うかび、
ながされるうちに　きしへ　ついてしまいました。
そこへ、　とのさまが　とおりかかりました。
「そなた　ずいぶん　きみょうな　すがたを　しておるが、
　どこへ　いく？」
おんなのこは　しょんぼりして　いいました。
「いく　あてなど　ございません」
「ならば、　わしの　やかたで　はたらけば　よい」

おんなのこは　とのさまの　やかたで
おふろの　ゆを　わかす　しごとに　つきました。
ひとびとは　おんなのこを　「はちかづき」と　よびました。
「はちかづき、　ぬるいよ。　もっと　ひを　つよくしな」
「はちかづき、　ゆが　すくない。　みずを　くんできな」
はちかづきは　どんな　ちゅうもんにも
ていねいに　こたえました。
そんな　はちかづきに　こころを　よせた　ひとが　いました。
とのさまの　4にん　むすこの　すえの　わかぎみです。
「おゆかげんは　いかがでしょう？」
「ああ、　ちょうど　よい」
はちかづきと　ことばを　かわすうち、
わかぎみは　いつしか　はちかづきを
あいするように　なっていました。

わかぎみは　まいばん、　はちかづきに　あいに
いくように　なりました。
その　うわさは　ひろまり、
わかぎみの　ははうえの　みみにも　はいりました。
ははうえは　わかぎみに
はちかづきには　ちかづかないようにと　いいました。
しかし、　わかぎみは　きっぱりと　いいました。
「わたしは　はちかづきと　いっしょに　いきると
　きめています」
わかぎみの　けついを　きいて、　ははうえは　かんがえました。
　（わかぎみが　いうことを　きかないなら、
　はちかづきが　でていくように　しむけるしかない。
　3にんの　むすこの　よめたちと　しょうぶすれば、
　はずかしくなって　でていくだろう）

よめ　どうしの　しょうぶの　はなしを　きいて、
はちかづきは　わかぎみに　いいました。
「あなたに　はじを　かかせたくありません。
　わたしは　ここを　でていきます」
「それなら、　わたしも　いっしょに　でていこう」
ふたりが　とぐちに　たった　そのときでした。
はちかづきの　あたまから　はちが　おちたのです。
あらわれた　かおは、　うつくしく　かがやいていました。

いよいよ、　よめ　どうしの　しょうぶが　はじまりました。
３にんの　あによめが　きかざって
ひろまに　はいってきました。
しんせきの　ひとたちは　いじわるく　ささやきあいました。
「あとは　はちかづきが　ぶざまな　すがたを　さらすだけだ」
ところが、　はちかづきが　やってきたとたん、
ひとびとは　めを　まるくしました。
「なんと　うつくしい」「まるで　てんにょだ」
すがたの　うつくしさだけでは　ありません。
うたを　よんでも、　ことを　ひいても、
はちかづきは　だれよりも　すぐれていました。

とのさまは　とても　よろこび、
はちかづきと　わかぎみの　けっこんを　ゆるしたうえ、
ふたりに　ひろい　とちを　あたえました。
ふたりの　あいだには　つぎつぎに　こも　うまれ、
りっぱな　ごてんで　かぞく　なかよく　くらしました。

トム・チット・トット

イギリスの昔話

ある　むらに、　のんきで　くいしんぼうの
むすめが　いました。
あるひ　おかあさんが　かたく　やけた　パイを　みて、
いいました。
「しばらく　おいておけば、
　なじんで　やわらかさが　もどるわ」
それを　きいた　むすめは
　（パイが　もどるなら、　いくら　たべても　だいじょうぶ）
と、　5まいの　パイを　ぺろっと　たべてしまいました。
おかあさんは　あきれました。
「もどると　いっても　いみが　ちがうわよ」

おかあさんは、 まどべで
いとを つむぎながら うたいました。

　うちの むすめが パイ たべた
　いちどに 5まい ぺろりと たべた

そこへ おうじさまが とおりかかりました。
「なんと いった？ もういちど うたっておくれ」
おかあさんは はずかしくなって、 うたを かえました。

　うちの むすめが いと つむぐ
　いちにち 5かせ からから つむぐ

おうじさまは めを かがやかせました。
「なんて しごとが はやいんだ。 ぜひ よめに もらいたい」

おうじさまは　むすめを　おしろに　つれていきました。
「これから　いっかげつ　まいにち、
　５かせの　いとを　つむいでおくれ。
　できたら　けっこんするが、　できなかったら　おいだす」
へやに　ひとり　のこされて、　むすめは　こまりはてました。
「いちにちで　５かせなんて、　できるわけないじゃない」
すると、　まどから　あくまが　かおを　だしました。
「おれさまが　てつだってやろう。
　いっかげつの　あいだに　おれの　なまえを　あててみろ。
　あてられなければ、　おまえを　もらっていく」
そう　いうなり、　ふっと　いなくなりました。

よくあさ、　あくまは　5かせの　いとを　もってきました。
「どうだ、　おれの　なまえは　わかったか？」
むすめは　かんがえた　なまえを　いいました。
「トミー？　それとも　フレッド？　ジム？」
あくまは　はなで　わらいました。
「ぜんぶ　ちがう。　また　あした、　きかせてもらおう」
こうして、　まいにちが　すぎていき、
とうとう　のこり　いちにちと　なりました。

むすめは　ふあんに　なりました。

（どうしよう。　このままでは、　あくまに　さらわれてしまう）

さいごの　ひ、

おうじさまが　むすめの　へやに　やってきました。

うつむく　むすめに、

「あすで　いっかげつだと　いうのに、　げんきが　ないね」

と　いって　はげまそうとしました。

「そうだ。　さっき、　もりで　きいた

　おもしろい　うたを　きかせてあげよう。

ニミ・ニミ・ノット

おれの　なまえは　トム・チット・トット

　ね、　おかしな　うただろう？」

むすめは　はっと　かおを　あげました。

よくあさ、　あくまが　つむいだ　いとを　もってきました。
「さあ、　これで　さいごだ。　おれの　なまえを　あててみな」
「えっと……」
むすめが　うつむくと、　あくまは　にんまりしました。
（いいぞ。　これで　むすめは　おれの　ものだ）
ところが、　むすめは　かおを　あげて、
きっぱり　いいました。

「ニミ・ニミ・ノット
　あなたの　なまえは　トム・チット・トット！」

あくまは　かなきりごえを　あげて、　しゅっと　きえました。
よくじつ、　むすめは　おうじさまと　けっこんし、
おだやかに　くらしました。

けんじゃの おくりもの

世界の名作（アメリカ）／オー・ヘンリー

クリスマスの　ひ、

デラは　おおきな　ためいきを　つきました。

まずしいなか、　やりくりして　おかねを　ためてきたのです。

でも、　たまったのは　たったの　１ドル87セント。

これでは　たいしたものが　かえません。

だれでも　クリスマスには

たいせつな　ひとを　よろこばせたいと　おもうでしょう。

デラが　よろこばせたいのは、　ひとりだけ。

おっとの　ジムのために、　どうしても　プレゼントを

おくりたかったのです。

デラは　かがみの　まえに　たち、　かみを　とかしました。
くりいろの　うつくしい　かみは、　ジムの　おきにいりです。
デラは　かがみに　うつる　かみのけを　しばらく
みつめてから、　いえを　でました。
デラが　いった　ところは、　かつらやでした。
みせに　はいると、　デラは　いいました。
「かみを　かっていただけますか？」
「ええ、　かいますよ」
てんしゅは　デラの　かみのけを　てに　とって　みました。
「とても　きれいな　かみのけですね。
　20ドルで　かいましょう」

デラは　かみを　きって　うった　おかねを　もって、
あちこちの　みせを　みてまわりました。
そして、　ジムに　ぴったりの　プレゼントを　みつけました。
かいちゅうどけいを　つるす　くさりです。
ジムには　たいせつに　している　とけいが　ありました。
おじいさんから　おとうさん、
そして　ジムにと　つたわってきたものです。
ただ、　その　りっぱな　とけいを　つるす　くさりが　ないため、
ふるい　かわひもで　まにあわせていました。
　（これを　あげたら、　ジムは　きっと　よろこんでくれるわ）
デラは　くさりを　かい、　いそいで　いえに　かえりました。

ジムの　かえりを　まつ　あいだ、

デラは　ふあんな　きもちに　なりました。

（みじかい　かみを　みたら、　ジムは　がっかりするかも）

デラは　おもわず　いのりました。

「どうか、　ジムが　いまの　わたしも　きれいだと

　おもってくれますように」

ジムは　いえに　かえるなり、　まゆを　ひそめました。

「かみを　きってしまったのか」

がっかりしたような　いいかたに、

デラの　むねが　ちくっと　いたみました。

「きって、　うったの。　でも、　わたしは　わたしよ。

　かみが　なくたって」

ジムは　デラを　だきしめました。
「かみがたが　かわっても、　きみへの　おもいは　かわらない。
　ただ、　すこし　とまどってしまったんだ」
そう　いうと、　ジムは　コートの　ポケットから
ちいさな　つつみを　とりだして　テーブルに　おきました。
デラは　つつみを　あけました。
「あっ」
ジムからの　プレゼントは　かみかざりだったのです。
べっこうで　できていて、
ふちに　ほうせきが　ちりばめられています。
デラは　おおつぶの　なみだを　こぼして、
かみかざりを　むねに　だきしめました。

「わたしも　プレゼントが　あるの」

デラは　てのひらに　くさりを　のせて　ジムに　みせました。

「すてきでしょう。　さ、　とけいを　かして。

　ぶらさげた　ところを　みたいわ」

ジムは　ソファに　すわって　ほほえみました。

「じつは、　かみかざりを　かうために

　とけいを　うっちゃったんだ」

そうです。

ふたりは　あいてに　さいこうの　プレゼントを

おくるために、　じぶんの　いちばん　だいじな　ものを

てばなしたのです。

こんな　ふたりを　まぬけな　ひとだと　おもいますか？

それとも、　かしこい　ひとだと　おもいますか？

ロミオと ジュリエット

世界の名作（イギリス）／ウィリアム・シェイクスピア

イタリアの　うつくしい　まち　ベローナには、
モンタギューけと　キャピュレットけと　いう
にくしみあっている　いえが　ありました。
あるひ、　キャピュレットけの　おやしきで
かめんぶとうかいが　ひらかれました。
きかざった　しょうたいきゃくが
かめんを　つけて　おどります。
キャピュレットけの　ひとりむすめ　ジュリエットは
しょうたいきゃくに　あいさつを　して　まわりました。
すると、　かめんを　つけた　おとこが　ジュリエットの
てを　とっていいました。
「わたしと　おどってくださいませんか」

ジュリエットは　かめんの　おとこと　ダンスを　しました。
いきの　あった　ステップに　こころも　はずみます。
（こんなに　たのしいのは　はじめて。
　ずっと　こうして　いたい）
ダンスを　おえたあとも、　ジュリエットは
かめんの　おとこの　ことばかりを　かんがえました。
（あの　かたと　もういちど　あいたい）

ジュリエットは　しようにんに
おとこの　なまえを　きいてくるよう　たのみました。
しかし、　おとこの　なまえを　きいた　ジュリエットは
ぜつぼうしました。
おとこは　モンタギューけの　ひとりむすこ、
ロミオだったのです。
モンタギューけの　ものを　すきに　なるなど、
けっして　ゆるされることでは　ありませんでした。

ぶとうかいが　おわったあと、
ジュリエットは　ひとり　バルコニーで　つぶやきました。
「ロミオ、　なぜ　あなたは　ロミオなの？
　あなたが　モンタギューけの　ロミオでなければ
　よかったのに……」
すると、　バルコニーの　したの　しげみから
ロミオが　あらわれました。
ジュリエットに　あいたくて　もどってきていたのです。
ロミオは　ジュリエットに　いいました。
「わたしは　モンタギューけの　ほこりなど　いりません。
　あなたと　いっしょに　いられるなら、
　ほかに　ほしいものなど　ありません」
ふたりは　そのよる、　けっこんの　やくそくを　しました。

つぎの　ひ、　ロミオと　ジュリエットは
だれにも　みつからないよう　いえを　ぬけだし、
きょうかいで　まちあわせました。
しんぷさまの　みちびきで　ふたりだけの
けっこんしきを　あげるためです。
えいえんの　あいを　ちかったあと、
ロミオは　ジュリエットに　いいました。
「もう　だれも　ふたりの　あいを
　　ひきさくことは　できない」
ジュリエットは　しあわせで
むねが　いっぱいに　なりました。
しかし、　ジュリエットと　わかれたあと、
ロミオは　モンタギューけと　キャピュレットけの
あらそいに　まきこまれてしまったのです。
たがいに　けんを　ぬいて　たたかううち、
ロミオは　ジュリエットの　いとこを
ころしてしまいました。
かけつけた　おうさまは　いいました。
「ロミオは　ついほうだ。
　　すぐに　まちから　でていけ！」

ロミオが　まちから　ついほうされたと　しり、
ジュリエットは　なきました。
（ロミオ。　あなたと　はなればなれに　なりたくない）
いっぽうで　おとうさんと　おかあさんは
ジュリエットと　ほかの　ひととの　けっこんを
かってに　きめてしまいました。
（いやよ。　ぜったいに　いや！）
ジュリエットは　いそいで　しんぷさまの　もとへ　いきました。
「わたしが　えいえんの　あいを　ちかったのは
　ロミオだけです。　ほかの　ひとと
　けっこんするぐらいなら　しにます」
しんぷさまは　いいました。
「おちつきなさい。　ふたりが　むすばれる
　ほうほうが　ある。　いのちを　かける　かくごが
　ひつようだが、　やってみるかね？」
ジュリエットは　うなずきました。
しんぷさまは　くすりの　びんを
ジュリエットに　わたしました。

その　くすりは　のむと　いきが　とまって
しんだように　なりますが、　ふつかごに　めが　さめて
もとどおりに　なると　いう　ものでした。
くすりを　のんだ　ジュリエットは　みなに
しんだと　おもわれ、　おはかへ　つれていかれるでしょう。
その　あいだに、　しんぷさまは
ロミオに　ほんとうの　ことを　しらせます。
ロミオは　こっそり　ジュリエットを　むかえに　いき、
ふたり　いっしょに　まちから　にげると　いう
けいかくでした。

けっこんしきの　まえの　よる、
ジュリエットは　くすりを　いっきに　のみほしました。
「どうか　ロミオと　いっしょに　なれますように」
つぎの　ひ、　キャピュレットの　いえは、
ジュリエットが　しんだと　おおさわぎに　なりました。
しんぷさまは　けいかくどおり、
ロミオの　もとへ　つかいを　はしらせました。
ところが、　つかいの　ものが　とちゅうで
びょうきに　かかり、　ねこんでしまったのです。
しんぷさまの　けいかくは　つたわらず、
ロミオの　もとに　とどいたのは
ジュリエットが　しんだと　いう　しらせだけでした。

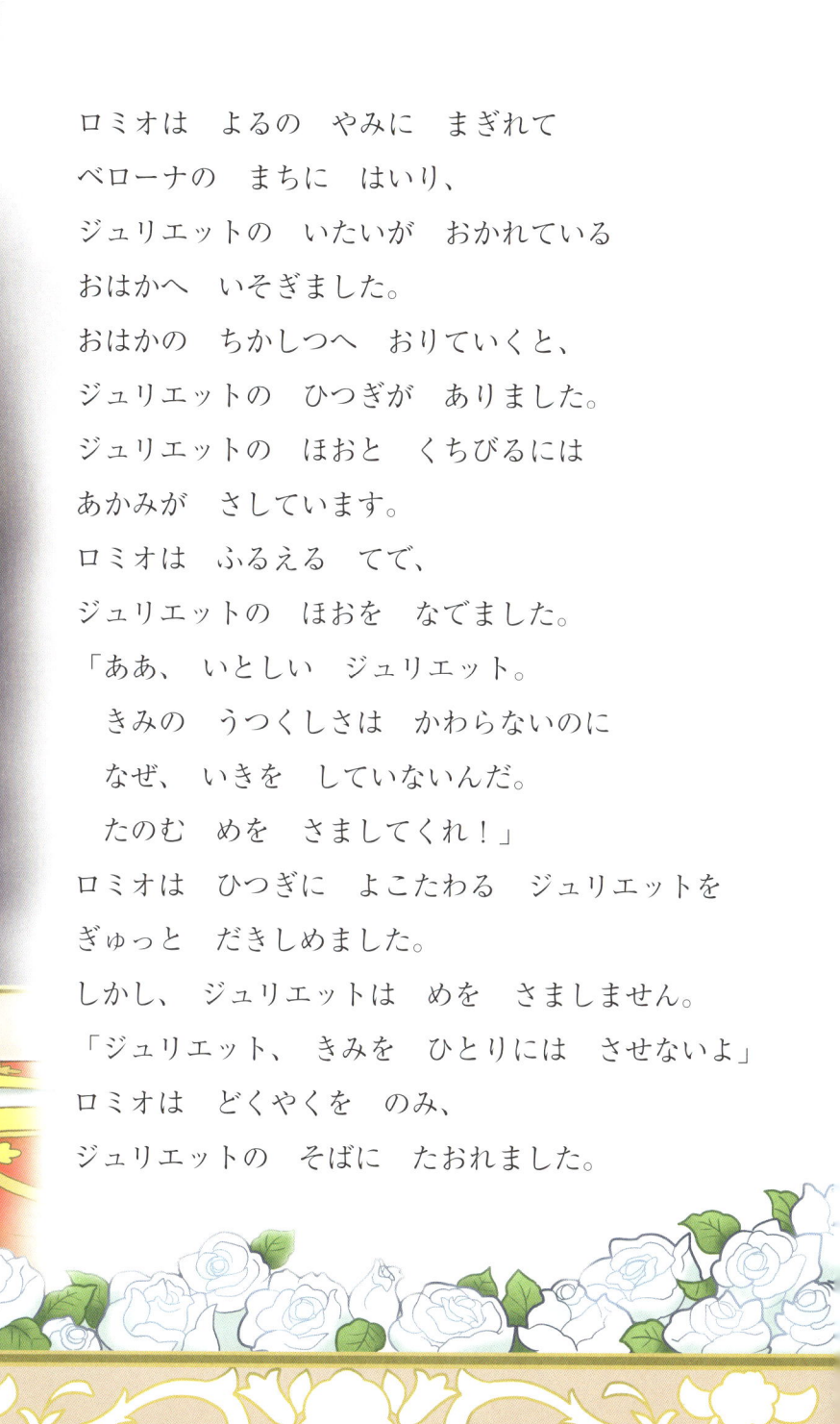

ロミオは　よるの　やみに　まぎれて
ベローナの　まちに　はいり、
ジュリエットの　いたいが　おかれている
おはかへ　いそぎました。
おはかの　ちかしつへ　おりていくと、
ジュリエットの　ひつぎが　ありました。
ジュリエットの　ほおと　くちびるには
あかみが　さしています。
ロミオは　ふるえる　てで、
ジュリエットの　ほおを　なでました。
「ああ、　いとしい　ジュリエット。
　きみの　うつくしさは　かわらないのに
　なぜ、　いきを　していないんだ。
　たのむ　めを　さましてくれ！」
ロミオは　ひつぎに　よこたわる　ジュリエットを
ぎゅっと　だきしめました。
しかし、　ジュリエットは　めを　さましません。
「ジュリエット、　きみを　ひとりには　させないよ」
ロミオは　どくやくを　のみ、
ジュリエットの　そばに　たおれました。

やがて、　ジュリエットは　めを　さましました。
「ロミオ、　きてくれたのね」
しかし、　ロミオは　いきを　していませんでした。
「なんてこと。　どくやくを　のんだんだわ」
ジュリエットは　ロミオが　こしに　さしていた
たんけんを　ぬきとりました。
「おねがい、　わたしを　ロミオの　もとへ　いかせて」
そう　いって　じぶんの　むねを　つきさし、
ロミオの　うえに　たおれました。

しんぷさまは　ふたりの　いたましい　すがたを
みつけて　なげきました。
そして、　モンタギューけと　キャピュレットけの
ひとびとに　すべてを　あかしました。
りょうけの　ひとびとは　ふかい　かなしみの　なかで、
もう　にどと　あらそわないと　ちかいました。
あいしあいながら　しんでいった
ふたりのために……。

まなつの よの ゆめ

世界の名作（イギリス）／ウィリアム・シェイクスピア

ようせいの　もりは　いつも　にぎやか。
ようせいの　おうさまと　おきさきさまが
うたったり　おどったりして　たのしむのが　すきだからです。
しかし、きょうは　おうさまと　おきさきさまの
いいあらそう　こえが　ひびいていました。
「あんたなんて、だいきらい！」
と　おきさきさまが　どなって　いってしまうと、
おうさまは　いたずらずきな　ようせい　パックを　よびました。
「おきさきを　すこし　こらしめてやる。
　おまえは　ほれぐすりの　はなを　とってこい」
パックは　いそいで　はなを　つみに　いきました。

そのとき、 にんげんが　もりの　なかを　はしってきました。
ひとりは　ハーミアと　いう　むすめで、
もうひとりは　ライサンダーと　いう　わかものでした。
ふたりは　こいびとどうしでしたが、　ハーミアの
おとうさんは　ふたりの　けっこんを　ゆるしませんでした。
そればかりか、　ハーミアは
おかねもちの　デメトリアスと　いう　おとこと
けっこんするよう　きめられてしまったのです。
ハーミアと　ライサンダーは　ふたりだけで
こっそり　けっこんするため、　ようせいの　もりを　ぬけて
ほかの　くにへ　いこうと　していました。

ふたりの　あとから　デメトリアスが　やってきました。
デメトリアスは　ハーミアを　つれもどすつもりでした。
デメトリアスの　あとから　ヘレナが　おいかけてきました。
しかし、　デメトリアスは　ヘレナに　つめたく　いいました。
「くるな！　おれは　ハーミアと　けっこんするんだ」
ヘレナは　なみだを　うかべました。
「わたしを　あいしていると　いったのに……」
「それは　むかしの　こと。
　いま　おれが　あいしているのは　ハーミアだ」
そう　いって　デメトリアスは　かけていってしまいました。
ふたりの　やりとりを　みた　ようせいの　おうさまは
おもいました。
（あれでは　ヘレナが　かわいそうだ）

そこへ、　パックが　はなを　もって　かえってきました。
「おうさま、　この　はなですよね？」
「おお、　そうだ。　この　しるが　ほれぐすりに　なるのだ」
ほれぐすりを　ねている　ものの　まぶたに　ぬれば、　めを
さまして　はじめに　みた　ものを　すきに　なるのです。
おうさまは　ほれぐすりを　ねている
おきさきさまの　まぶたに　ぬると、
のこりの　ほれぐすりを　パックに　わたしました。
「デメトリアスの　まぶたにも　ぬってきなさい」
パックは　くびを　かしげました。
「デメトリアスって　だれですか？」
「おんなを　なかす、　ひどい　やつだ」

よる。 パックは デメトリアスを さがして、
もりの なかを とびまわりました。
さんざん さがしまわって みつけたのは、 きの ねもとで
ねむっている ライサンダーと ハーミアでした。
パックは ライサンダーに ちかづきました。
（こいつが おんなを なかす デメトリアスだな）
パックは ライサンダーを デメトリアスと
かんちがいしてしまったのです。
そして、 ほれぐすりを
ライサンダーの まぶたに ぬりました。

ライサンダーが　めを　さました　ちょうど　そのとき、
ヘレナが　デメトリアスを　さがして　やってきました。
ほれぐすりを　ぬられた　ものは　めざめて
さいしょに　みた　ひとを　すきに　なってしまいます。
ヘレナを　すきに　なった　ライサンダーは　いいました。
「ああ、　ヘレナ。　きみは　せかいで　いちばん　うつくしい」
ヘレナは　びっくりしました。
「なに　いってるの。
　あんたが　すきなのは　ハーミアでしょう」
ライサンダーは　めを　かがやかせて　いいました。
「ぼくは　しんけんだ。　ヘレナ、　あいしている」
「いやっ」
にげる　ヘレナを　ライサンダーは　おいかけました。

じぶんの　しっぱいも　しらずに
パックは　きぶんよく　もりを　とびまわっていました。
すると、みちに　まよい　ねていた　おとこを　みつけました。
「いたずらしてやれ」
パックは　まほうで　おとこの　あたまを　ロバに
してしまいました。

めを　さました　おとこは　みずを　のもうと
あるきまわりました。
そのとき、　ようせいの　おきさきさまが　めを　さましました。
ほれぐすりを　ぬられた　おきさきさまが
さいしょに　みたのは　ロバおとこ。
おきさきさまは　ロバおとこを
すきに　なってしまったのです。
「まあ、　なんて　すてきな　おかた」

おなじころ、　おうさまは　ねている　デメトリアスを　みつけ、
まぶたに　ほれぐすりを　ぬりました。
そこへ　やってきたのは　ヘレナと　ライサンダーです。
デメトリアスが　めざめて　さいしょに　みたのは
ヘレナでした。
ヘレナを　すきに　なった　デメトリアスは　いいました。
「ヘレナ、　おまえを　あいしている！」
ライサンダーも　いいました。
「ぼくこそ、　ヘレナを　あいしている」
ヘレナは　おこりました。
「ふたりとも　わたしを　からかっているのね」

ライサンダーを　さがしに　きた　ハーミアも　くわわり、
4にんは　ケンカを　はじめました。
「ヘレナ　あいしてる」と、　おとこたちが　いえば、
「あなたは　わたしを　だましたの？」
「そうよ、　ひどい　おとこね」
と、　おんなたちが　おこります。

これを みた おうさまは パックを よびました。
「おまえの せいで たいへんな ことに なっているぞ!」
パックは まほうで 4にんを ねむらせると、
ほれぐすりの ききめを けす くすりを
ライサンダーの まぶたに ぬりました。
おうさまは おきさきさまの まぶたに
ほれぐすりの ききめを けす くすりを ぬり、
ロバおとこを もとに もどしてやりました。
めを さました おきさきさまは おうさまと なかなおり。
「あなた、 ごめんなさい。 さっきは いいすぎたわ」
「わたしも いいすぎた。 すまなかった」

あさ、　めを　さました　ライサンダーは
ハーミアを　みつめて　いいました。
「なにか　ゆめでも　みていたようだ」
「わたしも　そんな　きぶんよ」
ふたりは　ふたたび　あいを　ちかいあいました。
デメトリアスだけは　ほれぐすりが　きいたままでしたから、
すきな　ひとも　ヘレナです。
めを　さまして　いったのは、
「ヘレナ、　あいしてる」
こうして　デメトリアスは　ヘレナと
けっこんすることに　なり、　ハーミアの　おとうさんは
ハーミアと　ライサンダーの　けっこんを　ゆるしました。

みみなしほういち

日本の昔話

むかし、ほういちと いう めの みえない おとこが いた。
ほういちは びわを かなでて
ものがたりを うたうのが じょうずだった。
とくに にんきだったのは へいけものがたりだ。
へいけが たたかいに まけ、いちぞく のこらず
ころされる ばめんには、だれもが なみだを ながした。
あみだでらの おしょうも ほういちの うたが すきだった。
「てらで くらして、ときどき うたを きかせてくれぬか」
おしょうの たのみを うけて、
ほういちは てらで くらすように なった。

なつの　あるばん、
おしょうは　でしを　つれて　おそうしきに　でかけ、
ほういちだけが　てらに　のこされた。
そのばんは　ひどく　あつかったので、
ほういちは　えんがわに　でて　かぜに　あたった。
すると、　もんから　あしおとが　きこえてきた。
あしおとは　にわを　よこぎり、
ほういちの　まえで　とまった。
「ほういち」
きいたことの　ない　ひくい　こえだ。
「わたしの　しゅじんが　おまえの　うたを
　ききたがっておる。　いっしょに　きてくれ」

めの みえない ほういちは てを ひかれ、てらを でた。
ガシャガシャと いう よろいの おとが する。
（この ひとは えらい かたを まもる
　　さむらいに ちがいない）
しばらく いくと、さむらいは あしを とめた。
もんが おもい おとを ひびかせて ひらく。
（かなり おおきな もんの おとだ。
　　この まちに これほどの もんが あっただろうか？）
やがて、ほういちは ひろまらしき ところに とおされた。
「ほういち、へいけものがたりを きかせておくれ」
ほういちが びわを かなでて うたうと、
ひろまに いた ひとびとが こえを あげて なきだした。
うたが おわると、ふとい こえが ひびいた。
「みごとだ。これからも うたいに きてもらいたい。
　　ただし、この ことは だれにも いわぬように」

つぎの　ばん、また　さむらいが　むかえに　きた。
ほういちは　まえの　ばんと　おなじように
ものがたりを　うたった。
あけがた　てらに　かえってきた　ほういちに、
おしょうは　きいた。
「よふけに　ひとりで　でかけるのは　あぶないぞ。
　どこへ　でかけていたのだ？」
「いえ、ちょっと　ようじが　ありまして……」
おしょうは　ほういちの　ようすが　おかしいと　おもい、
でしに　いった。
「つぎに　ほういちが　でかけたら、あとを　つけるように」

そのばん、　ほういちが　てらを　でると、
でしは　ちょうちんを　もって　あとを　つけた。
ところが、　とちゅうで　ほういちの　すがたを
みうしなってしまった。
でしは　あちこち　さがしたが、　ほういちは　みつからない。
あきらめて　かえろうとしたところ、　はかの　ほうから
はげしい　びわの　おとが　きこえてきた。
ちかづいてみると、　たくさんの　おにびが　もえるなか、
ほういちが　へいけの　はかの　まえに　すわって
くるったように　びわを　かきならしていた。
でしは　ほういちに　かけよって　からだを　ゆすった。
「ほういちさん、　ほういちさん！」

てらに　つれてかえられた　ほういちは、　ぽつり　ぽつりと、
さむらいが　きてからの　ことを　はなした。
おしょうは　うでを　くんだ。
「おまえは　へいけの　ぼうれいに　とりつかれたのだ。
　こんや　いけば、　ころされるだろう。
　しかし、　おまえの　からだに　おきょうを　かいておけば、
　ぼうれいから　のがれられる」
おしょうは　でしと　てわけして、
ほういちの　からだじゅうに　おきょうを　かいた。
「ぼうれいたちが　なにを　しようと、
　おまえは　ぜったいに　しゃべっては　ならないし、
　うごいても　ならぬ。　じっとしているのだ」
おしょうは　ほういちに　よく　いって　きかせてから、
でしと　いっしょに　おそうしきへ　でかけた。

よなか、 ほういちが えんがわに すわっていると、
あしおとが ちかづいてきた。
「ほういち」
よばれても、 ほういちは じっと だまっていた。
「どこだ？」
さむらいが えんがわに あがってくる おとが した。
ほういちは いしのように からだを かたくした。
「どういうことだ？ みみしか みえないぞ。 しかたがない。
　この みみを しゅじんに さしあげることに しよう」
ほういちの みみを てつの ゆびが つかみ ひきちぎった。
はげしい いたみが はしったが、
ほういちは こえ ひとつ あげずに こらえた。
さむらいの あしおとは とおのいていき、
やがて きこえなくなった。

よが　あけるまえに　おしょうは　かえってきた。

えんがわに　いくと、

ほういちが　みみから　ちを　ながして　すわっていた。

「ほういち、　どうしたのじゃ？」

おしょうは　ほういちから　はなしを　きいて、

がっくり　うなだれた。

「わしの　せいじゃ。　おまえの　みみに

　おきょうを　かきわすれたせいだ。　ゆるしておくれ」

この　きみょうな　はなしは　たちまち　ひろまり、

ほういちの　うたを　ききに

おおぜいの　ひとびとが　やってきた。

そうして、　ほういちは　びわの　めいじんとして

いつまでも　かたりつがれたと　いう。

オルフェウス

ギリシャ神話

きょうは、　オルフェウスと　エウリディケの
けっこんしきです。
オルフェウスが　たてごとを　かなでて　うたえば、
だれもが　うっとりします。
むらの　むすめたちは　みな　オルフェウスに
あこがれていましたが、　オルフェウスは　ただ　ひとり
エウリディケだけを　あいしていました。
オルフェウスと　エウリディケが　ひろばに　くると、
むらの　ひとびとから　はくしゅが　おこりました。
「けっこん　おめでとう！」
オルフェウスと　エウリディケは
ほんとうに　しあわせでした。

しかし、しあわせは ながく つづきませんでした。
エウリディケが へびに かまれて しんでしまったのです。
オルフェウスは ふかい かなしみに しずみました。
すきな たてごとを ひいても、
むなしいばかりで いやされません。
めに うかぶのは、エウリディケの えがおばかり。
「ああ、かみよ。エウリディケを かえしたまえ！」
すると、どこからか ささやく こえが きこえてきました。
「オリンポスの ふもとに、しんだ ものが いく
　よみの くにへ つうじる みちが あります」
オルフェウスは たてごとを もって たちあがりました。
　　「よみの くにの おうに たのみ、
　　　エウリディケを かえしてもらおう」

オルフェウスは　くらい　どうくつを　すすんでいきました。
うなる　こえが　し、
ひかる　めが　オルフェウスを　にらんでいます。
「ここは　おまえの　くる　ばしょでは　ない。かえれ！」
やみに　ひそむ　かいぶつの　こえが　ひびくなか、
オルフェウスは　たてごとを　かなでて、うたいました。

　あなたの　すがたが　きえても、
　わたしの　あいは　きえない
　ぜつぼうに　おおわれても、
　わたしの　あいは　きぼうへ　むかう
　やみの　なかでも　ひとすじの　ひかりを　みつけだし
　わたしは　ひたすら　ひかりの　もとへと　すすんでいく

オルフェウスの　うたは、かいぶつの　つめたい　こころを
とかし、いつしか　うなりごえは　スースー　という
ねいきに　かわっていました。

オルフェウスが　さかを　くだっていくと、　どうどうと
はげしく　ながれる　みずの　おとが　きこえてきました。
そのとき、　おおきな　おとこが　ぬっと　あらわれました。
「この　かわを　わたることは　できない。　かえれ！」
オルフェウスは　ひるむことなく、　こたえました。
「よみの　くにの　おうに　あうまで、
　かえるわけには　いきません」
おとこは　けんを　ぬきました。
「ならば、　おれを　たおしていけ」
「わたしは　けんを　もちません」
そう　いって、　オルフェウスは　たてごとを　ひきました。
いさましい　ねいろに、　おとこは　むねを　うたれました。
「わかった。　おまえを　とおしてやる」
ふねに　のって、　オルフェウスは　あれくるう　かわを
わたりました。

オルフェウスは　きゅうでんの　もんの　とを　たたきました。
「どうか　おうに　あわせてください」
いつまで　たっても　もんが　あかないので、
オルフェウスは　たてごとを　かなでて　うたいはじめました。
すると、　もんが　ひらきました。
きゅうでんの　ひろまへ　すすむと、　おうが　まっていました。
「ここへ　なに　しに　きた」
オルフェウスは　ひざまづいて　いいました。
「わたしは　あいする　つまを　うしない、　くるしんでいます。
　どうか、　わたしに　つまを　かえしてください」
おうは　いいました。
「わかった。　エウリディケを　かえそう。
　ただし、　ちじょうに　もどるまでは
　けっして　ふりむいてはならない」

オルフェウスが　もんの　そとで　まっていると、
うしろから　エウリディケの　こえが　しました。
「オルフェウス！」
オルフェウスは　ふりむきたいのを　がまんして　いいました。
「ああ、　エウリディケ。　かえってきてくれて　うれしいよ」
ふたりは　ちじょうへ　むかって　あるきだしました。
さかに　なると、　エウリディケの　いきが　あらくなりました。
オルフェウスは　まえを　むいたまま、　こえを　かけました。
「エウリディケ、　だいじょうぶか？」
エウリディケは　いきを　きらしながら　こたえました。
「ええ……。　しにんの　わたしが　ちじょうに　もどるには、
　くるしみを　のりこえなければ　ならないんだわ」
エウリディケの　いきは　どんどん　あらくなります。
オルフェウスは　しんぱいで　たまりません。
ようやく　ちじょうの　ひかりが　みえてきたとき……。

「やった。　ようやく　でられたね」

オルフェウスは　うれしさの　あまり

ふりかえってしまいました。

その　しゅんかん、　エウリディケの　すがたが

ふっと　うすくなりました。

オルフェウスは　てを　のばしましたが、　とどくまえに

エウリディケの　すがたは　やみに　きえてしまいました。

「エウリディケー！」

オルフェウスは　がくっと　ひざを　つき、

じめんに　たおれました。

　（エウリディケを　にども　うしなうなんて……）

ぜつぼうが　オルフェウスの　こころを　くだきました。

そのまま　オルフェウスは　たちあがることも　できず、
いきたえました。
しばらくして、　てんから　まばゆい　ひかりが
おりてきました。
「オルフェウス、　おまえに　きぼうの　ひかりを　さずけよう」
オルフェウスは　てんかいの　しんでんに　みちびかれました。
そこに　まっていたのは……。
「エウリディケ！」
オルフェウスと　エウリディケは　しっかり　だきあいました。
こんどこそ、　ふたりは　えいえんに
むすばれたのです。

こうふくな おうじ

世界の名作（イギリス）／オスカー・ワイルド

みはらしの　よい　まちの　ひろばに、
こうふくな　おうじの　ぞうが　たっていました。
からだは　きんいろで、　めには　ほうせきの　サファイア、
かたなの　つかには　ルビーが　かがやいています。
ひとびとは　まぶしそうに
こうふくな　おうじを　みあげました。
しちょうは
「なんと　うつくしい。　これこそ、　げいじゅつひんだ」
と　ほめたたえ、　こどもたちは
「ゆめに　でてきた　てんしに　そっくりだ」
と　いいました。

あるよる、　つばめが　やってきて、
こうふくな　おうじの　あしもとで　やすもうと　しました。
すると、　ぽつぽつと、　しずくが　ふってきました。
つばめが　みあげると、　こうふくな　おうじが　ないています。
「あなたは　なぜ　ないているのですか？」
おうじは　かなしそうに　いいました。
「むこうの　とおりに　まずしい　いえが　ある。
　びょうきの　おとこのこが　オレンジを
　ほしがっているのだが、　おかあさんは　まずしくて、
　みずしか　あげられないんだ。
　つばめさん、　わたしの　かたなの　つかから　ルビーを
　はずして、　その　いえに　もっていってくれないか」

つばめは　くびを　ふりました。
「ぼくは　あたたかい　くにへ　いくところなんです」
「ひとばんで　いい。　わたしの　ちからに　なっておくれ」
「わかりました。
　ひとばん、　あなたの　つかいを　しましょう」
つばめは　おうじの　かたなの　つかから
ルビーを　つつきだして　くわえると、
まちの　やねの　うえを　とんでいきました。
いえの　ベッドで、　おとこのこは　ねつに　うなされていて、
おかあさんは　はりしごとに　つかれて
うたたねしていました。
つばめは　へやに　とびこみ、
テーブルに　ルビーを　おきました。
そして、　つばさで　おとこのこの　ひたいを　あおぎました。
おとこのこは
「ああ、　きもちいい」
と　いって、　すやすや　ねむりました。
つばめは　おうじの　もとに　かえって　いいました。
「さむいはずなのに、　こころが　ぽかぽかします」
「それは　おまえが　よい　おこないを　したからだよ」
と、　おうじは　いいました。

つぎの　ひ、　つばめは　おうじに　おわかれを　いいました。
「こんや　わたしは　たびだちます」
すると、　おうじが　いいました。
「つばめさん、　もういちど、　たのみを　きいてくれないか。
　むこうの　やねうらべやに　まずしい　わかものが　いる。
　しばいの　きゃくほんを　かきあげようと　しているのだけど、
　おなかが　すいて　たおれそうに　なっているんだ」
「また、　ルビーを　もっていけば　いいのですね」
「いや、　もう　ルビーは　ないんだ。　わたしの
　サファイアの　めを、　ひとつ　もっていっておくれ」
「おうじさまの　めを　ぬくなんて　できません」
つばめが　なくと、　おうじは　やさしく　いいました。
「いいんだ。　わたしの　いうとおりに　しておくれ」

つばめは　しかたなく　おうじの　かたほうの　めを
ぬきとって、　わかものの　へやへ　いき、
やねの　あなから　なかに　はいりました。
わかものは　あたまを　かかえていたので、
つばめが　はいったことに　きがつきませんでした。
かおを　あげると、　しおれた　はなの　そばに
サファイアが　あります。
わかものは　サファイアを　つまみあげて　よろこびました。
「これは　きっと　ファンからの　おくりものだ。
　これで　きゃくほんを　しあげられるぞ」

つぎの　ひ、　つばめは　おうじに　おわかれを　いいました。
「こんや、　たびだちます」
すると、　おうじが　いいました。
「つばめさん、　さいごの　たのみを　きいてくれないか。
　ひろばに　マッチうりの　しょうじょが　いる。
　マッチを　みぞに　おとして、　すっかり　だめに
　してしまった。　すこしでも　おかねを　もって
　かえらないと、　おとうさんに　ぶたれるだろう。　わたしの
　もうひとつの　めを　あのこに　やってくれないか」
「それでは、　あなたは　なにも　みえなくなってしまいます」
「いいんだ。　わたしの　いうとおりに　しておくれ」

つばめは　おうじの　めを　とると、
マッチうりの　しょうじょの　もとに　とんでいき、
その　てに　そっと　サファイアを　おきました。
「まあ、　すてきな　ガラスだま！」
しょうじょは　よろこんで、　いえに　かえっていきました。
つばめは　おうじの　もとに　かえって　いいました。
「あなたは　めが　みえなくなってしまいましたね。
　これからは　わたしが　おそばに　いますよ」
「いいんだ、　つばめさん。
　きみは　あたたかい　くにへ　いきなさい」
「いいえ。　いつまでも　おそばに　います」

そのひから、つばめは まちを とんでは まずしい
ひとたちの ようすを みて おうじに つたえました。
おうじは いいました。
「ぼくの からだに ついている きんぱくを はがして、
　まずしい ひとに あげてくれないか」
きんぱくの とどいた いえの こどもは げんきに なり、
とおりで あそぶ こも ふえました。
しかし、おうじは からだじゅうの きんぱくを うしない、
くすんだ はいいろに なってしまいました。

とうとう　さむい　ふゆが　やってきました。
つばめは　こごえて　どんどん　よわっていきましたが、
おうじの　そばを　はなれようとは　しませんでした。
おうじを　こころから　あいしていたのです。
つばめは　おうじの　かたに　のって　いいました。
「さようなら、　おうじさま。
　さいごに　キスを　しても　いいですか」
「つばめさん、　いよいよ　あたたかい　くにへ　いくのか。
　ながいこと　ありがとう。　キスを　しておくれ。
　わたしが　おまえを　あいした　その　しるしに」
つばめは　おうじの　くちびるに
キスを　して、　あしもとに　おちました。
それが　つばめの　さいごでした。

よくあさ、しちょうは おうじを みて、
かおを しかめました。
「なんと みすぼらしい」
おつきの ひとも いいました。
「あしもとには とりが しんでいますよ」
「どちらも しょぶんしろ」
つばめは ゴミとして すてられ、
おうじの ぞうは あつい ひで とかされました。
しかし、なぜか なまりの しんぞうだけは
とけなかったので、つばめと おなじ
ゴミの やまに すてられました。

まちの ようすを みていた かみさまは、
てんしに いいました。
「この まちで いちばん とうとい ものを
　ふたつ もってきなさい」
てんしが おうじの しんぞうと
つばめを ひろって もってくると、
かみさまは まんぞくそうに うなずきました。
「それこそが この まちで もっとも すばらしい ものだ」
おうじと つばめは てんごくの らくえんに みちびかれ、
いつまでも しあわせに くらしました。

ビロードうさぎ

世界の名作（イギリス）／マージェリィ・ウィリアムズ

あるところに　ビロードで　できた　うさぎが　いました。
しろと　ちゃいろの　けが　つやつやして、
ほんものの　うさぎのようです。
クリスマスの　ひ、
ビロードうさぎは　ぼうやの　プレゼントに　なりました。
ぼうやは　よろこんで　ビロードうさぎで　あそびました。
ところが、そのばん　ぼうやの　おせわを　する　ばあやに
おもちゃばこに　しまいこまれてしまいました。

ねじまきで　うごく　おもちゃは、
ビロードうさぎに　いいました。
「おれたちは　ほんものだが、
　おまえは　うごけない。　にせものだ」
ビロードうさぎは　かなしくなりました。
（うごけないと、　ほんものじゃないんだ……）
すると、　この　いえの　おもちゃの　なかで
いちばん　ふるい　もくばが　いいました。
「ほんものと　いうのは、　うごけるかどうかでは　きまらない。
　もちぬしの　こどもが　その　おもちゃを
　どう　おもうかで　きまるんだ」
ビロードうさぎは　ききました。
「あなたは　ほんものの　うまに　なったのですか？」
「むかし、　ぼうやの　おじさんが
　わたしを　ほんものの　うまに　してくれたよ」
ビロードうさぎも　いつか　ほんものに　なりたいと
おもいました。

あるばん、ぼうやは おきにいりの いぬの おもちゃが
みつからなくて ぐずりました。
「ぼく、あれが ないと ねむれないよ」
ばあやは おもちゃばこに あった ビロードうさぎを
ひっぱりだしました。
「ほら、うさちゃんが いた。これで いいでしょ？」
ぼうやは ビロードうさぎを だきしめて
ぐっすり ねむりました。

それから　まいばん、　ぼうやと　ビロードうさぎは
いっしょに　ねむるように　なりました。
ビロードうさぎは　ぼうやに　はなしかけられたり、
だかれたりすると、　あたたかい　きもちに　なりました。
とても　しあわせだったので、　じぶんの　からだが
すりきれてきたことや、　しっぽが　とれたことに
きがつきませんでした。

はるに　なると、　ぼうやと　ビロードうさぎは
にわに　でて　あそびました。
ビロードうさぎは　ておしぐるまに　のせられたり、
しばふの　うえで　おべんとうを　たべたり、　しげみの
なかに　ちいさな　いえを　つくってもらったりしました。
ばあやは　どろに　よごれた　ビロードうさぎを　みて、
いいました。
「この　きたない　おもちゃの　どこが　いいんでしょう」
ぼうやは　きっぱり　いいました。
「これは　おもちゃじゃない。　ほんものの　うさぎなんだよ！」
ビロードうさぎは　うれしくて　むねが　いっぱいに
なりました。
　（ぼうや、　ありがとう。
　とうとう、　ぼくも　ほんものに　なれたんだ）

なつの　あるひ、　ビロードうさぎは
ぼうやと　もりへ　でかけました。
ぼうやは　ビロードうさぎを　こかげに　すわらせると、
さんぞくごっこを　しに、　はしって　いってしまいました。
しばらくして、　しげみから　2ひきの　のうさぎが
かおを　だし、　ビロードうさぎに　むかって　いいました。
「こっちに　おいでよ。　いっしょに　あそぼうよ」
ビロードうさぎは　うごけないとは　いえず、
だまっていました。
すると、　のうさぎが　じろじろ　みて　いいました。
「あっ、　こいつ、　ほんものの　うさぎじゃない」
ビロードうさぎの　むねが　チクンと　いたみました。
「ぼくは　ほんものだよ。　ぼうやが　そう　いってくれたもの」
そのとき、　ぼうやが　バタバタと　もどってきて、
のうさぎたちは　しげみの　むこうへ　いってしまいました。

あきが　きて、　ふゆに　なりました。
ビロードうさぎは　とても　ふるぼけて
みすぼらしくなりました。
けれども、　ぼうやにだけは
うつくしい　うさぎに　みえました。
その　きもちが、　ビロードうさぎを　ゆうきづけました。
　(ぼうやが　ぼくを　すきでいてくれるなら、
　　どんなに　ぼろぼろに　なっても　かまわない)

そんな　あるひ、　ぼうやが　びょうきに　なってしまいました。
なんにちも　たかい　ねつが　つづいて、　くるしそうです。
　（ぼくが　ついているからね。　はやく　びょうきを
　なおして、　また　いっしょに　あそぼうね）
ビロードうさぎは　ねむっている　ぼうやの　まくらもとで、
はげましつづけました。

やがて、　ぼうやの　ねつが　さがると、
おいしゃさんが　いいました。
「こどもべやを　しょうどく　しましょう。　ぼうやが
　さわった　ほんや　おもちゃは　ぜんぶ　もやしてください」
ばあやは　ビロードうさぎを　ゆびさしました。
「この　うさぎは　どうしましょう？」
「それこそ、　ばいきんの　すだ。　すぐ　もやしてください」
そのばん、　ぼうやは　ほかの　へやに　ねかされ、
ビロードうさぎは　ふるい　えほんや　がらくたと　いっしょに
ふくろに　いれられて　にわの　すみに　おかれました。

ビロードうさぎは　ふくろの　くちから
そとを　ながめました。
ぼうやと　あそんだ　にわを　みていると、
いろいろな　おもいでが　よみがえってきます。
（どんなに　かわいがられても、　ほんものの　うさぎに
　なれても、　すてられて　おわりか……）
ビロードうさぎの　めから　ひとつぶの　なみだが
こぼれました。
すると、　ぽつんと　おちた　じめんから、
めが　のびて　はなの　つぼみを　つけました。
ビロードうさぎは　びっくりして、　はなを　みつめました。

つぼみが　ひらき、　なかから　つゆの　しずくを
まとった　ようせいが　あらわれました。
「わたしは　こどもたちが　かわいがった　おもちゃを
　まもる　ようせいです。　ふるくなって　やくめを　おえた
　おもちゃを、　わたしが　ほんものに　するのです」
ビロードうさぎは　ききました。
「ぼくは　いままで　ほんものでは　なかったのですか？」
「ぼうやには　ほんものの　うさぎでしたよ。　ぼうやは
　あなたを　だいすきでしたから。　でも、　これからは
　だれが　みても　ほんものの　うさぎに　なるのです」
ようせいは　ビロードうさぎを
だきかかえ、　もりへ　とんでいきました。

きせつは　めぐり、　また　はるが　やってきました。
ぼうやが　もりへ　あそびに　いくと、
２ひきの　うさぎが　あらわれました。
１ぴきの　うさぎの　けは　ちゃいろですが、
もう１ぴきは　しろと　ちゃいろです。
はなと　まるい　めにも　どこか　みおぼえが　あります。
ぼうやは　おもわず　こえを　あげました。
「あの　うさぎ、　ぼくが　びょうきに　なったときに
　なくした　うさぎに　そっくりだ」
ぼうやは　きがつきませんでしたが、
それは　ビロードうさぎだった　うさぎでした。
うさぎは　だいすきな　ぼうやに　あいに　きたのでした。

コッペリア

バレエ作品

ある　まちに、　コッペリウスと　いう、
としおいた　おもちゃ　しょくにんが　いました。
まちの　こどもは　みな　コッペリウスの　つくった
きぼりの　にんぎょうや　もくばで　あそびましたから、
だれもが　コッペリウスを　しっていました。
でも、　コッペリウスは　かわりもので　ひとぎらいでした。
コッペリウスは　おもちゃが　できると
いちばで　うりましたが、　いつも　むっつりして、
おきゃくさんとも　あまり　はなしませんでした。

コッペリウスの　むかいの　いえには、
スワニルダと　いう　むすめが　すんでいました。
ある　あさ、　スワニルダは　コッペリウスの　いえの
バルコニーに　きれいな　むすめさんが　いるのを　みました。
コッペリウスは　むすめさんに
「コッペリア、　いってくるよ」
と　いって　でかけていきました。
（まあ、　めずらしい。
　コッペリウスさんの　しんせきかしら？）
スワニルダは　コッペリアに　あいさつしました。
「おはようございます」
しかし、　コッペリアは　だまって　ほんを　よんでいます。
（きこえなかったのかしら？）
スワニルダは　まどを　しめようと　しました。

すると、　とおりの　むこうから
こいびとの　フランツが　くるのが　みえました。
スワニルダが　みているのも　しらず、
フランツは　コッペリアに　こえを　かけました。
「おじょうさん。　その　ほんは　おもしろいですか？」
コッペリアは　かおも　あげず　ほんを　よみつづけています。
フランツが　いつになく　あまい　こえで　はなすのを　みて、
スワニルダは　むっとしました。
「おはよう、　フランツ。
　けさは　おはなしで　いそがしそうね」
フランツは　あわてて、
「ちょっと　あいさつしただけだよ」
と　いって、　にげるように　いってしまいました。

つぎの　ひ、　スワニルダは　コッペリウスの
いえの　まえで　かぎを　ひろいました。
（コッペリウスさんの　いえの　かぎかしら？）
スワニルダは　いっしょに　いた　ともだちに　いいました。
「ねえ、　コッペリウスさんの　いえに　はいってみない？」
コッペリアの　しょうたいを　たしかめようと
おもったのです。
ともだちは　かおを　しかめました。
「いやよ。　コッペリウスさんは
　まじゅつを　つかうって　いうじゃない」
「そんなの、　ただの　うわさよ」
スワニルダは　ドアの　かぎを
あけました。

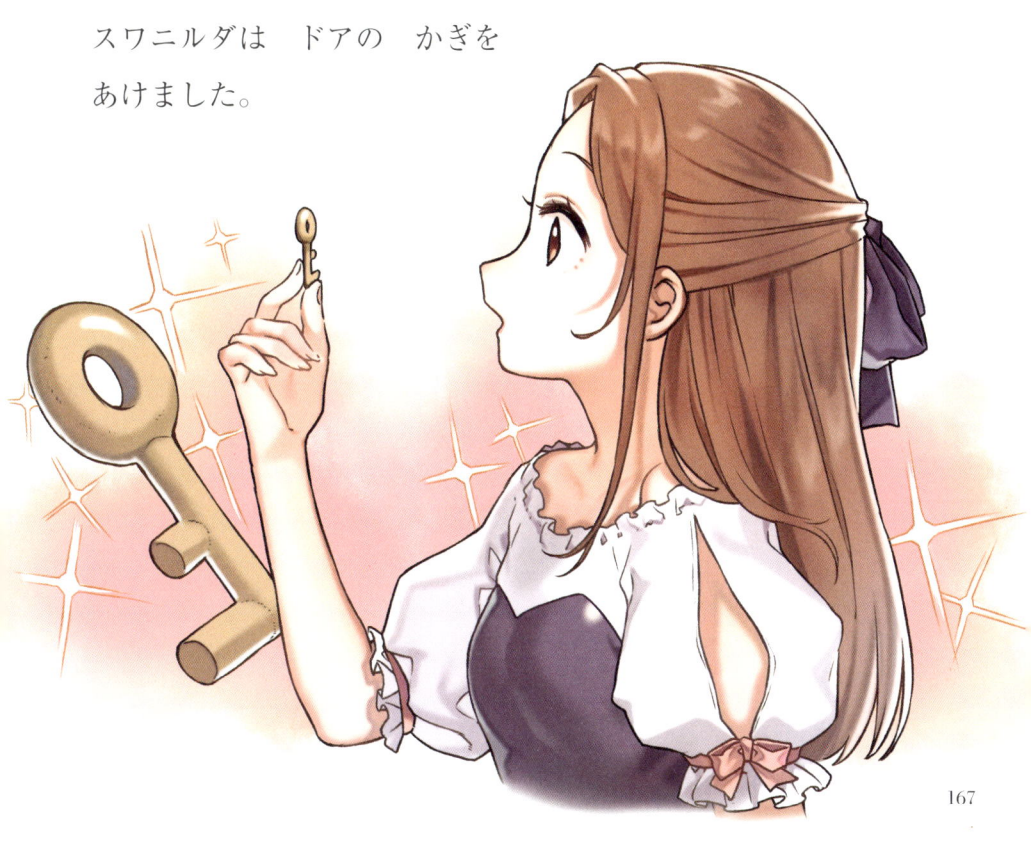

うすぐらい　へやには、
たくさんの　にんぎょうが　ならんでいました。
つくえには、つくりかけの　うでや　あしなども　あります。
ともだちが　ひそひそ　いいました。
「ぶきみね」
スワニルダが　となりの　へやを　あけると、
コッペリアが　いすに　すわっていました。
「あっ、コッペリアさん……」
しかし、それは　よく　できた　にんぎょうでした。
すきとおるような　はだを　しています。
そのとき、ともだちが　にんぎょうの　ぜんまいに
さわった　はずみか、へやじゅうの　にんぎょうたちが
うたったり　がっきを　ならしたり　しはじめました。

げんかんで　コッペリウスの　どなりごえが　しました。
「かってに　うちに　はいりこんでいるのは　だれだ！」
「ごめんなさい、　ごめんなさい」
ともだちは　いそいで　いえを　とびだしていきましたが、
スワニルダは　にげそびれてしまいました。
（どうしよう……、　そうだわ）
スワニルダは　いそいで　コッペリアの　ふくを　ぬがせて、
コッペリアを　ようふくだんすに　かくしました。
そして、　コッペリアの　ふくを　きて、
にんぎょうの　ふりを　して　いすに　すわりました。
コッペリウスが　へやに　もどってきた
ちょうど　そのとき……。

ギイ〜っと、バルコニーの　とびらが　ひらきました。

はいってきたのは　フランツでした。

コッペリウスは　フランツを　にらみました。

「なに　しに　きた！」

フランツは　おずおずと　いいました。

「その、むすめさんと　ともだちに　なりたいと

　おもったもので……」

「ほう……。

　では、むすめの　ともだちに　ワインを　ごちそうしよう」

ワインを　のむと、

フランツは　たちまち　ねむってしまいました。

コッペリウスは　ワインに　ねむりぐすりを　いれていたのです。

スワニルダが　コッペリアの　ふりを　していることには、

きがついていません。

「かわいい、　コッペリア。

　おまえに　いのちを　ふきこんであげよう」

そして、　フランツに　むかって　ぶつぶつと

じゅもんを　となえました。

スワニルダは　ぞっとしました。

　（まさか、　フランツの　いのちを　うばって、

　コッペリアを　いきた　にんげんに　しようと　しているの？

　そうは　させないわ）

スワニルダは　コッペリウスが　じゅもんを

いいおわらないうちに、　にんぎょうのように

ギクシャクと　うごきだし、　へやを　あるいてみせました。

コッペリウスは　めを　かがやかせました。

「おお、　コッペリア。　いとしい　コッペリアよ」

スワニルダが　くるくると　まわってみせると、
コッペリウスは　ますます　よろこびました。
「なんて　うつくしいんだ。　もっと　みせておくれ」
スワニルダは　おどりました。
コッペリウスの　てを　とって、　いっしょに　おどるよう
さそうと、　コッペリウスも　あしを　ひきずるようにして
おどりました。
こんなに　しあわせそうに　わらう、
コッペリウスを　みたのは　はじめてです。
スワニルダは　すこし　かわいそうな　きが　しました。
（わたしを　コッペリアだと　しんじきっているんだわ）

ふたりが　おどっていると、　フランツが　めを　さましました。
スワニルダは　コッペリウスを　いすに　すわらせました。
コッペリウスは　さすがに　つかれたようで、
ぐったりと　いすに　もたれかかりました。
つぎに　スワニルダは　フランツの　てを　とりました。
フランツは、　すぐに　きがつきました。
「スワニルダ？」
スワニルダは　フランツに　ささやきました。
「おどりながら　にげるのよ」
ふたりは　おどりながら　げんかんへ　いき、
そとへ　とびだしました。
「コッペリアー」
コッペリウスの　こえが　きこえましたが、
ふたりは　ふりむかずに　にげました。

つぎの　ひ、　スワニルダと　フランツは
けっこんしきを　あげました。
コッペリアに　ちかづいたことを　フランツが　あやまり、
なかなおりしたのです。
ふたりが　まちの　ひろばに　でると、
コッペリウスが　おこって　やってきました。
「きのうは　よくも　わしを　ばかにしてくれたな」
スワニルダは　こころから　あやまりました。
「ごめんなさい。　とても　わるいことを　しました。
　わたしは　コッペリアに　なったとき、
　コッペリウスさんに　あいされていることが　わかりました。
　きっと　コッペリアも　わかっていると　おもいます」

コッペリウスの　めから　なみだが　あふれでました。
「いっときでも　コッペリアに　なった
　きみの　けっこんしきだ。
　わしは　むすめの　しあわせを　いのるべきだな」
コッペリウスは　スワニルダと　フランツの　てを
にぎりました。
「おめでとう」
ふたりを　いわう　かねの　ねが　なりひびきました。

オペラざの かいじん

世界の名作（フランス）／ガストン・ルルー

パリの　オペラざは　まいばん、
はなやかな　オペラが　くりひろげられ、
きかざった　かんきゃくで　にぎわっていました。
しかし、　ぶたいうらでは「オペラざには　かいじんが
いる」と　いう　うわさが　ささやかれていました。
くろい　えんびふくを　きた　がいこつが、　かべから
ぬけだしたかのように　ぱっと　あらわれると　いうのです。

オペラかしゅの　クリスティーヌは　わきやくとして、
オペラざの　ぶたいに　たっていました。
　（いつか、　ぶたいの　まんなかに　たって、
　　ひとりで　うたってみたい）
そう　おもうものの、　それは　とおい　ゆめでした。
こどもの　ころ、　クリスティーヌは　おとうさんの
バイオリンに　あわせて、　うたっていました。
おとうさんは　クリスティーヌに　はなしました。
「おまえは　いつか　おんがくの　てんしの　こえを
　　きくだろう。　その　こえを　きいた　ものだけが、
　　すばらしい　おんがくを　かなでられるのだ」
クリスティーヌは　おとうさんの　ことばを　しんじて、
うたを　つづけてきました。

あるばん、 クリスティーヌは がくやの かがみの まえで
ためいきを つきました。
「どうしたら、 もっと うまく うたえるように なるの？」
すると、 かがみから すばらしい うたごえが
きこえてきました。
「だれ？ だれが うたっているの？」
クリスティーヌは きょろきょろしましたが、
だれも いません。
「もしかして、 あなたは おんがくの てんしですか？」
クリスティーヌが かがみに たずねると、
こたえが かえってきました。
「そうだ。
　おまえに おんがくの よろこびを あたえに きた」
それから、 クリスティーヌは あさ はやく
がくやへ いき、 おんがくの てんしから
レッスンを うけるように なりました。

3かげつご、　クリスティーヌは　とつぜん　びょうきに
なった　しゅやくの　かわりを　つとめることに　なりました。
クリスティーヌは　ぶたいの　まんなかで　うたいました。
てんから　ふりそそぐような　うつくしい　うたごえに、
かんきゃくは　たちあがって　はくしゅを　おくりました。
はくしゅが　なりひびくなか、　クリスティーヌの
おさななじみの　ラウルは　むねの　いたみを　かんじました。
ラウルにとって　クリスティーヌは　はつこいの　ひとでした。
でも、　はくしゃくけに　うまれた　ラウルが
かしゅと　けっこんすることなど　ゆるされません。
7ねんかん、　クリスティーヌに　あうことも
ありませんでした。
しかし、　クリスティーヌの　かおを　みたとたん、
ラウルは　きもちを　おさえることが　できなくなりました。

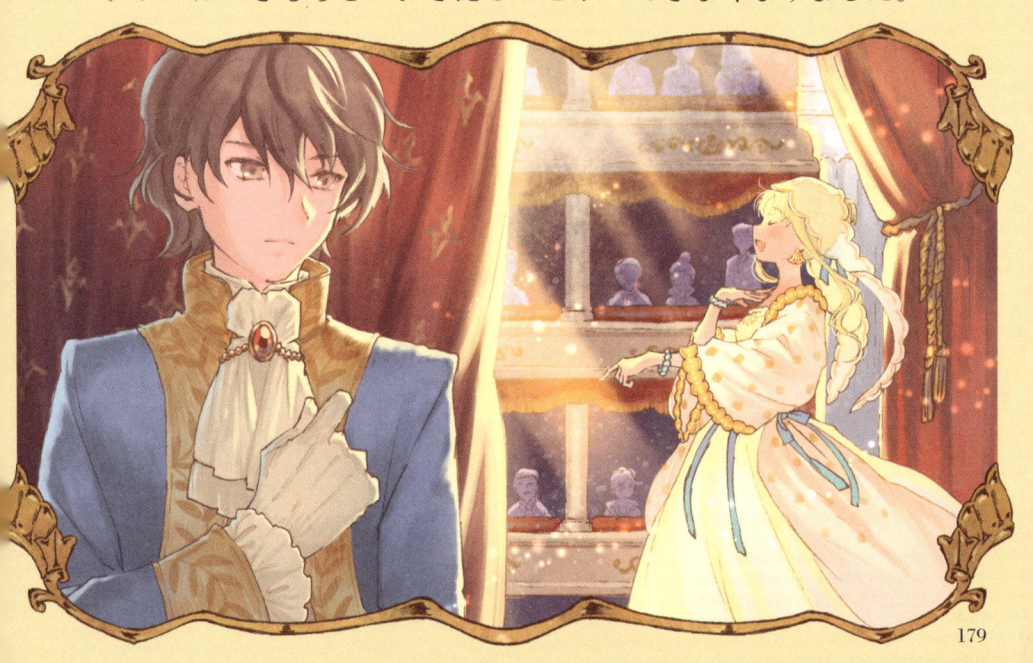

ラウルが　がくやへ　いくと、
へやから　おとこの　こえが　きこえてきました。
「クリスティーヌ、　わたしを　あいさないなら、　これまでだ」
「ああ、　どうか、　わたしを　みすてないで……」
ラウルは　あたまを　ガツンと　なぐられたような
きが　しました。
　（クリスティーヌには　こいびとが　いるのか？
　　どんな　やつなんだ）
しばらくして、　クリスティーヌが　がくやから　でてきました。
かげに　かくれていた　ラウルは　がくやに　はいりました。
しかし、　いくら　さがしても　だれも　いません。
ラウルは　くびを　かしげて、オペラざを　あとに　しました。

つぎの　ひ、ラウルは　クリスティーヌに　こくはくしました。
「ぼくは　きみを　あいしている。きみは？」
クリスティーヌは　めを　そらしました。
「いまは　こたえられないわ」
「がくやで　はなしていた　おとこが　すきなのか……」
クリスティーヌは　ぱあっと、めを　かがやかせました。
「ラウルにも　あの　こえが　きこえたの？　やっぱり、
　おんがくの　てんしは　まぼろしじゃないんだわ」
「おんがくの　てんしだって？」
「ええ、わたし、おんがくの　てんしに
　そばに　いてもらいたいの。
　だから、こいも　けっこんも　しては　いけないのよ」
そう　いって　クリスティーヌは
きょうかいを　でていきました。

あるひ、　しはいにんの　もとに、
オペラざの　かいじんから　てがみが　とどきました。
「クリスティーヌを　しゅやくに　せよ。
　わたしの　いうとおりに　しないなら、
　こんやは　のろわれた　ぶたいに　なるだろう」
しはいにんは　ほんきに　しませんでした。
そのよる、　オペラは　なにごとも　なく、
すすむように　みえました。
しかし、　いちばん　もりあがる　ばめんで、
かいじょうが　どよめきました。
しゅやくの　こえが　とつぜん　ゲコゲコッと　いう
ヒキガエルの　なきごえに　かわったのです。
しはいにんの　みみもとで
かいじんの　こえが　しました。
「こんやの　うたは　ひどいな。
　シャンデリアも　はずれそうだ」

しはいにんが　ふるえあがって　てんじょうを
みあげたとき、　きょだいな　シャンデリアが
きゃくせきに　おちてきました。

かいじょうが　おおさわぎに　なるなか、
ラウルは　クリスティーヌが　ぶたいから
いなくなったことに　きがつきました。
あちこち　さがしまわりましたが、
クリスティーヌは　みつかりません。
がっくりしていると、オペラざで　よく　みかける
「ペルシャじん」と　よばれる　おとこが
ちかづいてきました。
「オペラざの　かいじんが　かのじょを　つれさったのです」
「オペラざの　かいじんだって？」
ペルシャじんは　うなずきました。
「カエルの　こえを　だしたり、　ぶたいから　いっしゅんで
　ひとを　けしたり　できるのは、　かいじんだけです。
　かいじんは、　マジックの　めいじんなのです」

ペルシャじんは　ラウルを　がくやへ　つれていきました。

「この　かがみが、　うらみちに　つながっているはずです」

ラウルは　びっくりしました。

（もしかして、　クリスティーヌに　はなしかけていた

　おんがくの　てんしは、　かいじんだったのか？）

ペルシャじんは　かがみを　しらべながら　いいました。

「かいじんは　みにくい　すがたのせいで、

　だれからも　あいされず、　オペラざの　ちかに　かくれがを

　つくって　すむように　なりました。　わたしは　かれが

　きけんな　ことを　しないように　みはっていたのです」

ペルシャじんは　かがみの　かくしとびらの　おくへ

はいっていきました。

ながい　かいだんを　おり、　ろうかを　あるいていくと、
ゆかに　おおきな　あなが　あらわれました。
「ここから　かいじんの　かくれがに　はいれるはずだ」
ふたりが　あなの　なかに　とびおりると、
うえの　あなが　とじて、　なにも　みえなくなりました。
「まずい、　とじこめられた。　でぐちは　どこだ？」
ふたりが　てさぐりで　でぐちを　さがしていると、
かべの　むこうで　こえが　しました。
「クリスティーヌ、　こたえるのだ。
　わたしと　けっこんするか、　しないか。
　けっこんするなら　いきられる、　しないなら　わたしと
　いっしょに　しんでもらう。　ここには　オペラざが
　ふきとぶだけの　ばくやくを　しかけてある」

ラウルは　かべに　むかって　さけびました。
「クリスティーヌ、　こたえるな。
　ぼくが　きみを　たすける！」
クリスティーヌは　ラウルの　こえが　するほうに
さけびました。
「ラウル！」
ラウルと　ペルシャじんの　いる　へやは
まなつの　さばくのような　あつさです。
がいこつのような　かおを　した　かいじんが　わらいました。
「ごうもんべやで、　しぬまで　くるしめ」
クリスティーヌが　さけびました。
「おねがい、　やめて！　わたし、　きめたわ。
　あなたと　けっこんします」

かいじんは　まんぞくげに　えみを　うかべました。
「わたしと　いきることを　えらぶのだな」
ラウルと　ペルシャじんは　へやから　かいほうされました。
「けっこんの　ちかいの　キスを　しよう」
かいじんは　クリスティーヌに　ちかづき、
おでこに　キスを　しました。
クリスティーヌは　ほほえみました。
「あなたは　ずっと　ひとりで、　さみしかったのね」

かいじんは　しあわせで　むねが　いっぱいに　なりました。
（だれからも　あいされたことの　ない　わたしを、
　クリスティーヌは　うけいれてくれた。
　もう、　それだけで　じゅうぶんだ）
おちくぼんだ　めから　なみだが　あふれました。
「さあ、　ここを　たちさるが　いい。　きみが　かれを
　あいしていることは　まえから　しっていた」
クリスティーヌは　かいじんの　おでこに　キスを　しました。
「ありがとう、　おんがくの　てんしさん。　あなたが
　わたしに　くれた　あいを　えいえんに　わすれないわ」
クリスティーヌと　ラウルは　オペラザを　でると、
だれも　しりあいの　いない　とちへと　たびだちました。

てぶくろを かいに

世界の名作（日本）／新美南吉

あさ、　ほらあなから　でた　こぎつねは、
「あっ」
と　さけんで、　かあさんきつねの　ところに
ころげてきました。
「かあちゃん、　めに　なにか　ささった。　ぬいてちょうだい」
かあさんきつねは　びっくりして　こぎつねの　めを
みましたが、　なにも　ささっては　いません。
かあさんきつねは　そとを　みました。
ゆうべの　うちに　ふった　ゆきが　おひさまの　ひかりを
はねかえして、　キラキラと　かがやいています。
ゆきを　しらなかった　こぎつねは、　あまりの　まぶしさに
めに　なにか　ささったと　おもったのでした。

こぎつねは　ゆきの　なかを　かけまわって　あそびました。
ほらあなに　かえってくると、
「かあちゃん、　おててが　つめたい、
　おててが　ちんちんする」
と　りょうてを　かあさんきつねの　まえに　さしだしました。
かあさんきつねは　その　てに
はーっと　いきを　ふきかけました。
かわいい　ぼうやの　てに
しもやけが　できては　かわいそうです。
こんや、　けいとの　てぶくろを　かってやろうと
おもいました。

よるに　なり、きつねの　おやこは　ほらあなから　でました。
いく　さきに　ぽっつり　あかりが　みえると、
かあさんきつねは　まえに　まちへ　でかけたことを
おもいだしました。
ともだちの　きつねが　あひるを　ぬすもうとして
おひゃくしょうさんに　おいかけられ、
いのちからがら　にげたのです。
おもいだしたら、あしが　さきへ　すすまなくなりました。
しかたがないので、こぎつねだけを　まちへ
いかせることに　しました。
「ぼうや　おててを　かたほう　おだし」
かあさんきつねが　ぼうやの　てを　しばらく　にぎると、
かわいらしい　こどもの　てに　なりました。

「それは　にんげんの　てよ。　まちへ　いったら、
　ぼうしの　かんばんの　かかっている　いえを　さがしてね、
　とを　たたいて、　こんばんはって　いうんだよ。
　とが　すこし　あいたら、　この　にんげんの　てを
　さしいれてね、　この　てに　ちょうど　いい
　てぶくろを　ちょうだいって　いうんだよ。
　けっして　きつねの　てを　だしては　いけないよ」
「どうして？」
「にんげんはね、　きつねには　てぶくろを
　うってくれないんだよ。　それどころか、　つかまえて
　おりの　なかへ　いれちゃうんだよ。
　にんげんって　ほんとに　こわいものなんだよ」
かあさんきつねは　こぎつねに　おかねを　にぎらせました。

こぎつねは　まちに　はいると、
かんばんを　みながら　ぼうしやを　さがしました。
じてんしゃの　かんばん、めがねの　かんばんなど
いろいろな　かんばんが　あります。
どれも　はじめて　みる　もので、
こぎつねには　なんの　かんばんか、わかりません。

こぎつねは　かあさんきつねに
おしえてもらった　ぼうしの　かんばんを
さがして　あるきまわりました。
ようやく　みつけると、
おそわったとおりに　トントンと　とを　たたきました。
「こんばんは」
すると、　とが　ほそく　あき、　ひかりの　おびが
みちの　ゆきの　うえに　ながく　のびました。
その　ひかりが　まばゆかったので、　こぎつねは　あわてて
きつねの　ほうの　てを　すきまに　さしこんでしまいました。
「この　おててに　ちょうど　いい　てぶくろを　ください」

ぼうしやさんは　おやおやと　おもいました。
（きつねが　このはで　かいに　きたんだな）
と　おもったので、
「さきに　おかねを　ください」
と　いいました。
こぎつねは　にぎっていた　おかねを　わたしました。
ぼうしやさんが　おかねを　あわせると、
チンチンと　よい　おとが　しました。
（これは　このはじゃない、　ほんとうの　おかねだ）
ぼうしやさんは　たなから　こどもようの
けいとの　てぶくろを　とりだして、
こぎつねの　てに　もたせてやりました。

こぎつねは　おれいを　いって
もと　きた　みちを　かえりました。
「かあちゃんは　にんげんは　おそろしいものだって
　いったけど、　ちっとも　おそろしくないや。　だって、
　ぼくの　てを　みても、　どうも　しなかったもの」
まどの　したを　とおりかかると、
にんげんの　こえが　きこえてきました。
「ねむれ　ねむれ　ははの　むねに、
　ねむれ　ねむれ　ははの　てに」
こぎつねは　この　うたごえは　きっと　にんげんの
おかあさんの　こえに　ちがいないと　おもいました。
こぎつねが　ねむるときも、　かあさんきつねが
おなじように　やさしく　うたってくれるからです。

すると、　こんどは　こどもの　こえが　しました。
「かあちゃん、　こんな　さむい　よるは、　もりの
　こぎつねは　さむい　さむいって　ないているでしょうね」
「もりの　こぎつねも　おかあさんの　おうたを　きいて、
　ほらあなの　なかで　ねむろうと　しているでしょうね。
　さあ、　ぼうやも　はやく　ねんねしなさい」
それを　きくと、　こぎつねは　きゅうに　おかあさんが
こいしくなって、　かあさんきつねの　まっているほうへ
とんでいきました。

かあさんきつねは　ぼうやが　くると、　あたたかい　むねに
だきしめて　なきたいほど　よろこびました。
「かあちゃん、　にんげんって　ちっとも　こわかないや」
「どうして？」
「ぼく、　まちがえて　ほんとうの　おてて　だしちゃったの。
　でも、　ぼうしやさん、　つかまえやしなかったもの。
　ちゃんと　こんな　いい
　あたたかい　てぶくろを　くれたもの」
と　いって、　てぶくろを　はめた　てを
パンパン　やってみせました。
「まあ！」
かあさん　きつねは　あきれましたが、
「ほんとうに　にんげんは　いいものかしら。
　ほんとうに　にんげんは　いいものかしら」
と　つぶやきました。

めいけん　ラッシー

世界の名作（イギリス）／エリック・ナイト

イギリスの　ある　むらに、　ラッシーと　いう
うつくしくて　かしこい　いぬが　いました。
ラッシーは　かいぬしの　ジョーが　だいすきでした。
ジョーは、　いぬを　そだてるのが　うまい
おとうさんに　おそわって、　いっしょうけんめいに
ラッシーの　せわを　しました。
ラッシーは　まいにち　きまって　4じに　がっこうへ　いき、
もんの　まえで　ジョーの　かえりを　まちました。
ジョーは　ラッシーを　みつけると、　えがおに　なりました。
「ラッシー、　ありがとう。　さあ、　かえろう」
ふたりは　いっしょに　いられることを
なにによりも　しあわせに　かんじていました。

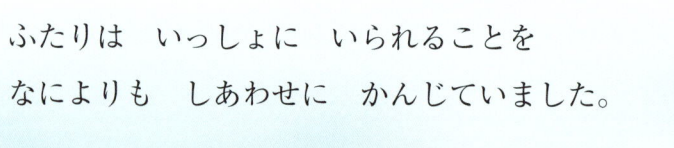

そんな　あるひ、　ラッシーを　ラドリングこうしゃくへ
うることに　なりました。
おとうさんが　しごとを　うしない、
くらしに　こまったためです。
ラッシーは　こうしゃくの　いえで　くらしはじめました。
ところが、　ごご４じ、　ラッシーは　やしきを　ぬけだして
ジョーを　むかえに　いきました。
「ラッシー、　ラッシー！」
ジョーは　よろこんで　ラッシーを　だきしめ、　なでました。
けれども、　まもなく　こうしゃくけから　むかえが　きて、
ラッシーは　つれていかれてしまいました。
「ラッシーは　もう　ほかの　ひとの　ものなんだよ」
おとうさんの　ことばを、
ジョーは　だまって　きくしかありませんでした。

ラッシーは　ラドリングこうしゃくの　べっそうに
つれていかれました。
ジョーの　むらから　きしゃで　ふつか　かかるぐらい、
とおい　ばしょです。
ラッシーは　ひろい　やしきの　にわを　さんぽしたり、
きれいに　ブラシを　かけてもらったりして
きもちよく　すごしました。
けれども、　ごご４じに　なると、
ジョーを　むかえに　いきたくて　そわそわしました。
そして　とうとう、　ラッシーは　もんの　すきまから
そとに　とびだし、　ジョーの　いえが　ある
みなみに　むかって　はしりだしました。

ラッシーは　よるに　すこし　やすむだけで、
あるきつづけました。
おかを　こえ、そうげんを　こえて　すすんでいくと、
ひろい　みずうみに　でました。
いくら　およいでも、　むこうぎしに　つきそうも　ありません。
ラッシーは　しかたなく　みずうみの　まわりを
あるきました。
1しゅうかんほど　あるくと、　みずうみが　せまくなり、
かわに　なっている　ばしょに　でました。
ラッシーは　どての　うえから　ざぶんと　とびこみました。

ところが、 きゅうな ながれに のまれ、 たきの うえから
したの いわに たたきつけられてしまったのです。
なんとか きしへ はいあがったものの、
みぎあしを いためて あるけなくなりました。
そのうえ ひどい ねつが でて、
ラッシーは やぶの なかに たおれました。
ねつが さがって うごけるように なったのは、
1しゅうかんごでした。
ラッシーは かわの みずを のむと、
また あるきだしました。
いためた あしを ひきずりながら あるく すがたは、
やせほそって みすぼらしく みえました。

どのぐらい　あるいたでしょう。
おなかが　すいた　ラッシーは　たべものを
さがそうと、　くさむらに　はいりました。

パーン！

とつぜん　じゅうせいが　ひびいて、　たまが　とんできました。
ラッシーは　ひつじを　おそう　のらいぬと
まちがわれたのです。
ラッシーは　そうげんを　まっすぐに　にげました。
あとから、　２ひきの　いぬと、　じゅうを　もった
ふたりの　おとこが　おいかけてきます。
あしを　ひきずっている　ラッシーには、
つらい　きょうそうです。
たちまち　おいつかれ、
１ぴきの　いぬに　おなかを　かまれました。

ラッシーは　いたみを　こらえて、

2ひきの　いぬに　たちむかいました。

とびかかってきた　1ぴきに　たいあたりして　たおし、　もう

1ぴきを　ふりはらって　まえあしで　おさえつけました。

2ひきの　いぬが　おとなしくなると、

ラッシーは　みなみへ　かけだしました。

「いまだ、　ジャック、　はやく　うて！」

おとこの　ひとりが　さけびましたが、

ジャックと　よばれた　おとこは　うごきません。

「いやだよ、　あんな　ゆうかんな　いぬを　うてるかい。

　1ぴきで　2ひきに　たちむかう、　りっぱな　いぬだ」

ラッシーは　どんどん　はなれて　みえなくなりました。

ジャックは　おもいました。

（あんなに　いそいで、　あいつは　どこかへ　いく

　とちゅうだな。　ぶじに　ついてくれよ）

やがて、 ラッシーは まちに はいりました。

まちなかでは のらいぬを しょぶんする かかりの ひとに

なぐられたり、 おいかけられたりしました。

なんとか にげきりましたが、 からだは ぼろぼろです。

かわを わたったところで ついに ちからつきて

たおれてしまいました。

ラッシーを みつけたのは、 としおいた ふうふでした。

おじいさんは ラッシーを だきかかえて いえに かえると、

だんろの まえに ねかせて からだを さすりました。

おばあさんは ミルクを あたため、

スプーンで すこしずつ ラッシーに のませました。

ふたりが よるも ねないで かんびょうしてくれた

おかげで、 ラッシーは げんきに なっていきました。

ふうふの　いえに　きて　3しゅうかんが　すぎたころ、
ラッシーは　ごご4じに　なると、
とぐちで　くんくん　なくように　なりました。
おばあさんは　いいました。
「このこは　どこか　いきたいところが　あるんだわ」
せんそうで　むすこを　なくした　ふうふに　とって、
ラッシーは　だいじな　かぞくに　なっていました。
できれば　ずっと　いっしょに　くらしたいと
おもっていましたが、　ラッシーのためを　おもって、
ふたりは　わかれを　きめました。
とを　あけると、　ラッシーは　ゆっくり　そとに　でました。
おばあさんは　やさしく　いいました。
「いいんだよ。　いきたいところへ　いっておいで」
ラッシーは　なんども　ふりかえりながら、
あるいていきました。

あるひ、　ジョーは　こうもんを
でようと　して、　たちどまりました。
やせほそった　コリーけんが　よろよろと　ちかづいてきます。
「ラッシー？　ラッシーだ！」
ジョーは　びっくりしました。
ラッシーが　ラドリングこうしゃくの　べっそうに
いってから　はんとしも　たっていたのです。
ジョーは　ラッシーを　だきかかえて
いえに　かけこみました。
「おかあさん、　おとうさん、　ラッシーが　かえってきたよ！」
おとうさんと　おかあさんは　よわっている　ラッシーを
あたためたり、　たべものを　あたえたりして　てあてしました。

つぎのひ、　ジョーの　いえに
ラドリングこうしゃくが　やってきました。
ジョーは　こうしゃくが　ラッシーを　とりかえしに
きたと　おもい、　りょうてを　ひろげて　たちはだかりました。
「かえってくれ、　あんたの　いぬなんか　いないよ！」
「なんだって？　わしの　いぬが　ここに　いるのかね？」
すると、　おとうさんが　でてきました。
「いま　うちに　いるのは　この　いぬだけです」
おとうさんは　ラッシーを　みせました。
こうしゃくは　めを　うたがいました。
あんな　とおくから　いぬが　かえってくるなんて
しんじられません。
でも、　たしかに　ラッシーです。
ラッシーは　ただ　ジョーに　あいたい　いっしんで
かえってきたのです。

こうしゃくは　しずかに　いいました。

「この　いぬは　わしのじゃないな」

ジョーが　ほっとすると、　こうしゃくは　ほほえみました。

「わしは　きみの　おとうさんに　いぬの　しいくがかりとして

　うちで　はたらいてもらいたいと　いいに　きたのだ」

ジョーと　おとうさんは　おどろいて　かおを　みあわせ、

おかあさんは　りょうてを　あわせました。

「ありがとうございます！　よろこんで　おうけいたします」

それから　まもなく、　ジョーたち　かぞくは、　ひろい

やしきの　なかに　ある　きれいな　いえに　ひっこしました。

もう　くらしに　こまることも

ラッシーと　わかれる　しんぱいも　ありません。

ジョーは　げんきに　なった　ラッシーを　だきしめました。

「ありがとう。　おまえの　おかげで

　かぞく　みんなが　しあわせだ」

しょうじょ パレアナ

世界の名作 (アメリカ)／エレナ・ポーター

パレアナは　おかあさんを　なくし、　ぼくしの　おとうさんと
きょうかいで　まずしい　くらしを　していました。
あるひ、　パレアナは　にんぎょうが　ほしかったのに
まつばづえを　もらいました。
おとうさんは　いいました。
「なんにでも　よろこびを　みつける　あそびを　しよう」
パレアナは　まつばづえに　よろこびを
みつけられませんでした。
すると、　おとうさんが　やさしく　おしえてくれました。
「げんきだと　まつばづえを　つかわないで　すむ。
　それが　よろこびだよ」

　11さいのとき、　パレアナは　おとうさんを　なくし、
パレーおばさんに　ひきとられることに　なりました。
ひとりで　くらしてきた　パレーおばさんは、
きむずかしい　ひとでした。
パレーおばさんは　パレアナを　きびしく　そだてなければ
ならないと　おもい、　そまつな　やねうらべやを
あたえました。
おてつだいの　ナンシーは
パレアナを　かわいそうに　おもいました。
でも、　パレアナは　へやを　みて、　よろこびました。
「すてきな　へやね。
　かがみが　ないから、　そばかすを　みなくて　すむし、
　まどから　みえる　けしきが　えのようだわ」

あさ、　パレアナは　かいだんを　かけおりると、

にわに　いた　パレーおばさんに　とびつきました。

パレーおばさんは　ためいきを　つきました。

「パレアナ、　これが　おはようの　あいさつですか」

「いいえ。　きょうは　とくべつです。

　パレーおばさんは　わたしの　かぞくなんだと　おもったら、

　うれしくて　たまらなくなったの」

パレーおばさんは　かおを　しかめようと　しましたが、

うまく　いきませんでした。

これまでに　ない、

くすぐったいような　きもちに　なったからです。

「パレアナ、　しょくじの　じかんに

　おくれないように　しなさい」

と　いって、　そそくさと　いえに　はいってしまいました。

ちょうど　なつやすみだったので、　パレアナは
ごぜんちゅうは　さいほうや　りょうりを　して、
ごごは　すきな　ことを　しました。
まちを　さんぽして、　であった　ひとと
たのしく　おしゃべりを　するのです。
パレアナは　なかよくなった　ひとに
「よろこび　さがし」を　おしえました。
びょうきの　おばあさんは　いつも　もんくばかり
いっていましたが、　パレアナの　あそびを　きくと、
ぽろぽろと　なみだを　こぼしました。
（わたしは　たりないことばかりを　かんがえていた。
　これからは　たりていることや、
　じぶんに　できることを　さがしてみよう）

パレアナは　シルクハットを　かぶった　しんしに
よく　あいました。
はじめて　あったとき、　パレアナが
「きょうは　いい　おてんきですね」
と　はなしかけると、　しんしは　ぎょっと　しました。
「わたしに　はなしかけたのかい？」
パレアナは　にこにこして　うなずきました。
それからも、　しんしと　あうたび、
あいさつを　かわしました。
この　はなしを　きいた　おてつだいの　ナンシーは
びっくりしました。
「その　ひとは　ペンデルトンさんですよ。
　ひとりで　おおきな　やしきに　すんでいて、
　だれとも　はなさない、　かわりものなんです」
パレアナは　よろこびました。
「そんな　ひとが　わたしと　はなしてくれたなんて、
　うれしいわ」

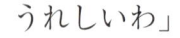

あるひ、　パレアナが　さんぽを　していると
いわの　かげに　ペンデルトンさんが　たおれていました。
ペンデルトンさんは　パレアナに　いいました。
「あしを　いためたようだ。
　いしゃの　チルトンせんせいを　よんでくれないか」
パレアナが　でんわを　かけて　まもなく
チルトンせんせいが　やってきました。
パレアナは　ほっとして、　いえに　かえりました。
「あのこは　なんと　いう　こですか？」
ペンデルトンさんが　きくと、
チルトンせんせいは　にこにこしました。
「パレアナと　いって、　あのこと　はなした　かんじゃは、
　みるみる　げんきに　なるんですよ」

つぎの　ひ、　パレアナは、　パレーおばさんに　いいました。
「おばさんの　かみ、　きれいね。
　そうだ、　わたしが　ゆってあげる！」
パレーおばさんは　とまどいました。
むかし、　こいびとと　わかれたときに　こいも　けっこんも
しないと　きめ、　はなやかに　きかざるのを　やめたのです。
そうとは　しらない　パレアナは、　パレーおばさんの　かみを
とかして　ふんわりと　ゆいなおし、　バラを　さしました。
そのとき、　チルトンせんせいが　ばしゃを
はしらせてきました。
パレーおばさんは　あわてて　いえに　はいってしまいました。
チルトンせんせいは　ばしゃを　とめて、
パレアナに　いいました。
「ペンデルトンさんが　きみに　あいたいそうだ」

パレアナが　ばしゃに　のると、
チルトンせんせいが　ききました。
「さっき　テラスに　いたのは、　きみの　おばさんだよね？」
「ええ、　わたしが　かみを　ゆってあげたの。
　きれいだったでしょ？」
チルトンせんせいは　とおくを　みるような　めを　して
いいました。
「ああ……、　とても　うつくしいと　おもったよ」
「あとで、　おばさんにも　そう　つたえますわ」
チルトンせんせいの　こえが　きゅうに　おおきくなりました。
「だ、　だめだよ。　ぜったいに　つたえては　いけないよ。
　おばさんは　うつくしいと　いわれるのを
　よろこばないだろう」
パレアナは　おばさんの　せいかくを　おもって
うなずきました。

それから、 パレアナは まいにちのように
ペンデルトンさんの おみまいに いきました。
あるひ、 パレアナが よろこび さがしの はなしを すると、
ペンデルトンさんは めに なみだを うかべました。
「パレアナ、 わたしの むすめに なって、
　 よろこびを みつけるのを てつだってくれないか」
パレアナは こまりました。
「わたしは おばさんと はなれられません。
　 おばさんも わたしと いっしょに いたいと おもうんです」
「わたしには かぞくが ひつようなんだ」
パレアナは ペンデルトンさんの さみしさを おもいました。
「すこし かんがえさせてください」

その　かえり、パレアナは　ジミーと　いう
おとこのこに　であいました。
ジミーは　りょうしんが　なくなり、
かえる　いえも　ありません。
パレアナは　ひらめきました。
「あなたの　かぞくに　なってくれそうな　ひとが　いるわ」
パレアナは　ペンデルトンさんを　たずねました。
「ペンデルトンさん、ジミーに　あってくださいませんか。
　ふたりが　かぞくに　なれたら、いいと　おもうんです」
ペンデルトンさんは　ことわりましたが、パレアナと
はなすうち、すこしずつ　きもちが　かわっていきました。
「そうだな。ひとりで　いるより　だれかと　いっしょに
　いるほうが　よろこびが　みつかりそうだ。
　いちど、ジミーに　あってみよう」

パレアナは　おおよろこびで、　いえに　かえりました。
ところが、　とちゅうで　くるまに　ぶつかってしまったのです。
パレアナは　きを　うしない、　いえに　はこばれました。
おいしゃさんは　パレーおばさんに　いいました。
「このまま、　あるけなくなるかもしれません」
パレーおばさんは　なみだを　こらえました。
（ああ、　わたしが　かわってやれたら、
　どんなに　いいだろう）
パレーおばさんは　はじめて　パレアナを　ふかく
あいしていることに　きがついたのでした。

パレアナが　こうつうじこに　あったと　きいて、
さいしょに　おみまいに　きたのは、　ペンデルトンさんでした。
パレーおばさんが　パレアナは　まだ　ほかの　ひとには
あえないと　はなすと、　ペンデルトンさんは　いいました。
「ジミーと　くらすことに　なったと
　　パレアナに　つたえてください」
それから、　つぎつぎに　まちの　ひとが　やってきました。
「わたしが　よろこび　さがしを　はじめたと
　　パレアナさんに　つたえてください」
パレーおばさんは　ナンシーに　ききました。
「よろこび　さがしって　なんなの？」
ナンシーから　よろこびを　みつける　あそびだと　きくと、
パレーおばさんは　いいました。
「わたしも　よろこびを　みつけるわ」

つぎの　ひ、　チルトンせんせいが　やってきて、
パレアナの　てを　とりました。
「きみは　たくさんの　ひとを　しあわせに　して、
　ぼくらにも　しあわせを　はこんでくれた」
パレーおばさんが　かおを　あからめて　いいました。
「チルトンせんせいは　あなたの　おじさんに　なるのですよ」
パレーおばさんと　チルトンせんせいは　わかいころ
こいびとどうしだったのですが、　けんかして　わかれてから
ながいこと　なかなおりできずに　いました。
でも、　パレアナを　げんきに　したいと　いう　おもいから、
ふたりは　ようやく　すなおに　なれたのです。

パレアナは　めを　かがやかせました。
「おばさん、　チルトンせんせいと　けっこんするの？
　わたし　うれしくて　たまらないわ」
それから、　パレアナは　けがを　なおすことの　できる
おいしゃさんの　ところに　にゅういんしました。
しばらくして、　にゅういんちゅうの　パレアナから
パレーおばさんに　てがみが　とどきました。

あいする　おじさま、　おばさま。
わたし、　あるけるように　なりました。
まだ　6ぽですけど、　あるけるって、
なんて　うれしいことでしょう。
わたし、　もうすこしで　かえれるそうです。
おおきな　よろこびで　むねが　いっぱいです。

ジョイ・アダムソン

伝記

ジョイは　ヨーロッパの　オーストリアに　うまれました。
きょうみを　もつと、　やらずには　いられない　せいかくで、
ピアノに、　うたの　レッスン、　えに、　デザインの
べんきょう、　ようふくづくり、　じょうば、　かいぼうの
べんきょうと、　いろいろな　ことに　とりくみました。
そんな　あるひ、　ジョイは　ともだちに　すすめられて、
アフリカの　ケニアへ　りょこうに　いきました。

たびの　とちゅうで、　ジョイは
はくぶつかんの　けんきゅうしゃと　なかよくなりました。
けんきゅうしゃは　テントを　はって　たびを　しながら
ケニアの　しょくぶつを　しらべると　いうので、
ジョイも　いっしょに　ついていきました。
たびでは　みずが　すくなくて　たいへんでしたが、
しぜんの　なかに　いるのは　たのしく、
ジョイは　わくわくしました。
とくに　むちゅうに　なったのは、　しょくぶつです。
「わあ。　こんな　はな、　みたこと　ない！」
ジョイは　めずらしい　しょくぶつを　みつけると、
じっくり　かんさつして、　スケッチしました。

ケニアで　くらすうち、
ジョイには　たくさんの　ともだちが　できました。
あるとき、　ジョイは　ジョージと　いう
だんせいに　あいました。
ジョージは、　けがわや　きばを　とるために
どうぶつを　ころす　みつりょうしゃを　とりしまったり、
ひとを　ころす　ライオンや　はたけを　あらす　ゾウを
おいはらったりする　しごとを　していました。
まいにちが　ぼうけんのような　ジョージの　はなしに
ジョイは　ひきこまれました。
（やせいの　どうぶつと　かかわるのは
　きけんも　あるけど、　たのしそう！）

ジョイは　ジョージと　けっこんして、
しごとに　ついていくように　なりました。
ある　あさ、
ジョイたちが　そとで　しょくじを　していると、
むらびとが　ちいさな　どうぶつを　つれてきました。
「まあ、　かわいい。　ロックハイラックスの　あかちゃんだわ」
その　あかちゃんに　ジョイは　パティと　なづけて、
かわいがりました。
パティは　いつも　ジョイから　はなれることなく、
かたに　のって　すごしました。

あるひ、　ジョージが　3びきの　ライオンの　あかちゃんを
つれてかえってきました。
ははおやが　しんでしまったのです。
ジョイは　あかちゃんたちを　なでて　いいました。
「きょうから　わたしが　おかあさんよ」
それまで、　ライオンの　あかちゃんを　そだてた　ひとは
いなかったので、　ジョイたちは　てさぐりで　そだてました。
いろいろ　くふうしたことで、
ライオンの　あかちゃんは　すくすく　そだちました。
しかし、　しぜんの　くらしを　しらない　ライオンは
おりの　なかで　なければ、　いきていけません。
ジョイは　なやみましたが、
2ひきを　どうぶつえんに　おくり、
いちばん　からだの　ちいさかった　エルザだけを
てもとに　のこして　そだてました。

エルザが　1さいに　なったとき、
ジョイたちは　やすみを　とって　うみへ　いきました。
ところが、　とちゅうで　パティが　しんでしまったのです。
6ねんかん　いっしょに　くらした　パティ。
かなしみに　しずむ　ジョイを　なぐさめてくれたのは、
エルザでした。
いっしょに　うみで　およいだり、　じゃれたり。
ジョイと　エルザは　おやこ　そのものでした。

ところが　あるひ、　はなしがいにしていた　エルザが
もんだいを　おこしてしまったのです。
エルザが　ゾウの　むれを　おいかけて　あそんだせいで、
むらびとの　いえや　はたけが　めちゃくちゃに　なりました。
はなしがいを　きんじられて、　ジョイたちは　なやみました。
「エルザは　どうぶつえんへ　おくろう」
ジョージの　ていあんに、　ジョイは　くびを　ふりました。
「エルザには　じゆうに　いきてもらいたいの」
「むりだ。　2ねんも　にんげんの　てで　そだてられた
　ライオンが　やせいに　もどれるはずが　ない」
「おねがい、　チャンスを　ちょうだい」
ふたりは　しごとの　つごうで、
3かげつごに　イギリスへ　いかなければ　なりませんでした。
「それまでに、　エルザが　じぶんで　えものを　とって
　いきていけるように　ならなければ、
　どうぶつえんへ　おくろう」
ジョージの　ことばに、　ジョイは　うなずきました。
ふたりは　エルザを　しぜんの　なかに　はなしましたが、
エルザは　えものを　とれず、　やせて　よわっていきました。
それでも　ジョイは　あきらめませんでした。
きげんまで　あとわずかと　いうとき、
ついに　エルザが　えものを　とったのです。

ジョイは　おもいました。

（もう　エルザと　あうことは　ないでしょう）

しかし、　ジョイたちが　イギリスから　ケニアに　もどって

しばらく　たったころ、

エルザが　ふたりの　まえに　あらわれたのです。

なんと、　3びきの　あかちゃんを　つれています。

「わたしたちに　あかちゃんを　みせに　きてくれたの……」

ジョイは　エルザを　やさしく　なでました。

あばれんぼうの　ライオンでも

ひとと　つよい　あいじょうで　むすばれることを、

エルザが　おしえてくれたのです。

ジョイは　エルザとの　ひびを

『やせいの　エルザ』と　いう　ほんに　かきました。

この　ほんは　にんきに　なり、　えいがにも　なりました。

ジョイは　せかい　かくちに　よばれて、

しぜんを　まもる　たいせつさを　はなすように　なります。

「むかし、　ひとと　どうぶつは　ともに　くらしていました。

　ひとが　しぜんを　こわしつづけたら、　どうぶつだけでなく、

　ひとも　はめつするのでは　ないでしょうか」

ジョイが　はじめた　やせいどうぶつを　すくう

かつどうは、　いまも　せかいじゅうで

つづけられています。

マリー・キュリー

伝記

マリーは　ちいさいころから　ほんを　よむのが　すきでした。
おかあさんは　はやくに　びょうきで　なくなりましたが、
マリーたち　きょうだいは
おとうさんの　あいじょうを　うけて　そだちました。
おとうさんは　こどもたちに　いろいろな　がいこくの
ものがたりを　はなしたり、　ハイキングに　つれていっては
ちいきの　れきしを　おしえてくれたりしました。
（もっと　いろいろな　ことを　しりたい！）
マリーは　べんきょうも　すきに　なりました。

このころ、　マリーが　うまれた　ポーランドは、
ロシアに　しはいされていました。
ポーランドの　ひとは　じぶんの　くにの　ことばを
つかうのを　きんじられ、　おんなのこは　だいがくに
いれてもらえませんでした。
だいがくに　はいりたかったら、
よその　くにへ　いくしか　ありません。
それには　たくさんの　おかねが　いりました。
マリーは　おねえさんに　いいました。
「わたしが　はたらいて　おかねを　おくるから、
　おねえさんは　だいがくへ　いって
　そつぎょうしてね」

マリーは　とおく　はなれた　むらへ　いきました。
おかねもちの　いえに　すんで、
こどもたちに　べんきょうを　おしえるのです。
そうして　かせいだ　おかねを、
フランスの　だいがくに　かよう　おねえさんに　おくり、
のこりを　じぶんが　だいがくへ　いくために　ためました。
でも、　おかねは　なかなか　たまりません。
かぞくに　てがみを　おくる　きっても
あまり　かえませんでした。
　（どんなに　みじめな　くらしでも、　おねえさんが
　　だいがくを　そつぎょうするまで　やりとげよう）
マリーは　つよい　きもちで　はたらきつづけました。

おねえさんは　だいがくを　そつぎょうすると、
けっこんして、　ふうふで　びょういんを　ひらきました。
「マリー、　こんどは　わたしが　あなたを　ささえる　ばんよ。
　　いつでも　フランスに　いらっしゃい」
おねえさんから　てがみを　もらい、
マリーは　けついしました。
　（だいがくで　すうがくと　ぶつりの　べんきょうを　して、
　　せんせいに　なる　しかくを　とろう！）

だいがくで　マリーは　いつも　いちばん　まえの　せきに
すわって、　せんせいの　はなしを　ききました。
どの　じゅぎょうも　ねっしんに　ききましたが、
いちばん　おもしろかったのは　ぶつりの　じっけんでした。
せんせいも　マリーの　さいのうを　みとめて、
「この　じっけんは　きみに　まかせるから、
　やってごらん」
と　いったほどです。
マリーは　いちばんの　せいせきで、
ぶつりの　せんせいの　しかくを　とりました。

あるひ、　マリーは　ピエール・キュリーと　いう
ぶつりがくしゃに　あいました。
ピエールは　すでに　3つの　はっけんを　して、
てんさい　ぶつりがくしゃと　いわれていたのに、
すこしも　えらぶることが　ありません。
　(とても　かんじの　いい　ひとね。
　それに　きが　あうわ)
　(こんなに　かがくに　しんけんな
　じょせいが　いるとは、　おどろきだ。
　なんて　すてきな　ひとだろう)
マリーと　ピエールは
たがいに　そんけいし、
どんどん　すきに　なっていきました。

よくとし、　ふたりは　けっこんしました。

２ねんごには　おんなのこの　あかちゃんが　うまれます。

マリーは　あかちゃんの　せわや　いえの　ことを

やりながら、　かがくの　べんきょうを　つづけました。

あるとき、　マリーは　かがくざっしに　はっぴょうされていた

けんきゅうに　めを　とめました。

きじには、　ウランと　いう　いしから　めには　みえない

ほうしゃせんが　でていると　あります。

　（ほうしゃせんって　なんだろう？）

マリーは　ほうしゃせんの　しょうたいを

けんきゅうすることに　しました。

マリーは、ピエールが　つとめる　がっこうの　そうこを

かりて、　じっけんを　はじめました。

そして、　ウランの　ほかにも　ほうしゃせんを　だす

いしが　あると　わかったのです。

よの　なかに　ある　ものは　すべて、　げんそと　いわれる、

ちいさな　つぶみたいな　ものが　あつまって　できています。

マリーは　じっけんを　かさねて　かんがえました。

　（きっと、　ほうしゃせんを　だす　げんそが　あるんだわ）

マリーの　かんがえを　たしかめるため、

ピエールは　じぶんの　けんきゅうを　やめて、

マリーを　てつだいました。

マリーと　ピエールは、　なぞだった　げんそを　はっけんし、
「ラジウム」と　なづけました。
そして　3ねんご、　ついに　ラジウムを
ガラスの　うつわに　とりだすことに　せいこうするのです。
ラジウムは　がんのような　むずかしい　びょうきの
ちりょうにも　やくだつことが　わかりました。
マリーは　けんきゅうを　ろんぶんに　まとめて
はっぴょうし、　ピエールとともに
ノーベルぶつりがくしょうを　うけました。
おんなのひとで　ノーベルしょうを　うけたのは
はじめてです。

ピエールは　だいがくの　きょうじゅに　なり、
マリーは　せいしきに　じっけんの　リーダーに　なりました。
ふたりには　ふたりめの　おんなのこも　うまれ、
ますます　にぎやかな　まいにちに　なりました。
ところが　1ねんご、　ピエールが　ばしゃに　ひかれて
なくなってしまったのです。
　（ピエールなしで　いきていくなんて、　できない……）
ショックで　きぼうを　うしないかけたとき、
マリーは　ピエールの　ことばを　おもいだしました。
「ぼくらは　なにが　おころうと、
　けんきゅうを　つづけなければ　ならないんだよ」
　（わかったわ。　わたしが　あなたの　おもいを　ひきつぐわ！）

だいがくの　たのみで、　マリーは　ピエールが　していた
じゅぎょうの　つづきを　しました。
2ねんご、　マリーは　だいがくの　きょうじゅに　なり、
さらに　3ねんご、　ノーベルかがくしょうを　うけました。
まえよりも　まじりけの　ない　ラジウムを
とりだすことが　できたからです。

おおきな　せんそうが　はじまると、　マリーは　ほうしゃせんを
りようする　レントゲンそうちを　じどうしゃに　つけました。
レントゲンしゃしんは　ひとの　からだの　なかを　うつすので、
けがや　びょうきの　ちりょうに　やくだちます。
マリーは　じどうしゃに　のりこみ、
せんじょうへ　いきました。
しかし、　せんそうが　おわったあと、
マリーの　からだは　だんだん　よわっていきました。
ほうしゃせんは　ちりょうに　やくだつ　いっぽうで、
からだに　がいを　あたえる　ものでも　あったのです。
ほうしゃせんを　つかうときは、　からだを　まもる　よういが
いるのですが、　このころは　まだ　わかっていませんでした。
それからも、　マリーは　66さいで　なくなるまで、
けんきゅうを　つづけます。
「かがくは　ひとを
　　しあわせに　するものでなければ　ならない」
と　いう　おもいで、　つきすすんだ　いっしょうでした。

文 ✍ ささきあり

東京都在住。おもな作品に『ゆめいっぱい みんなプリンセス おんなのこのめいさくえほん』『ゆめいっぱい みんなだいすき おんなのこ はじめてのめいさくえほん』『ゆめいっぱい こころときめく おんなのこ かんどうのめいさくえほん』(以上、西東社)、『アナグラムで遊ぼう けんじのじけん』(あかね書房)などがある。『おならくらげ』(フレーベル館)で第27回ひろすけ童話賞を受賞。一般社団法人 日本児童文芸家協会会員。

絵 🎨

いのうえたかこ［みみなしほういち］
花珠［マーシャとくま／ロミオとジュリエット／めいけんラッシー］
佳奈［パンをふんだむすめ／オルフェウス／しょうじょバレアナ］
スギ［びじょとやじゅう／まなつのよのゆめ／オペラざのかいじん］
七海トモロウ［ビロードうさぎ／てぶくろをかいに／ジョイ・アダムソン］
星谷ゆき［まほうつかいのでし／こうふくなおうじ］
マーブルCHIKO［きんのがちょう／トム・チット・トット／マリー・キュリー］
もかろーる［ゆきむすめ］
らうん［ピノキオ／けんじゃのおくりもの］
路地子［ふんわりおうじょ／はちかづき／コッペリア］
鷲尾美枝［おりひめとひこぼし］

カバーイラスト	いのうえたかこ
装丁・本文デザイン	棟保雅子
編集協力	石田純子

※本書は、下記の当社書籍から25話を厳選し、再編集したものです。
『おんなのこのめいさくえほん』『おんなのこ はじめてのめいさくえほん』
『おとこのこのめいさくえほん』『おんなのこ かんどうのめいさくえほん』
『おんなのこ とっておきのめいさくえほん』『おんなのこ どうぶつのめいさくえほん』

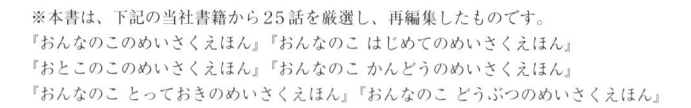

ワクワクゆめみる おんなのこの めいさくだいすき

著　者	ささき あり
発行者	若松和紀
発行所	株式会社 西東社
	〒113-0034　東京都文京区湯島2-3-13
	http://www.seitosha.co.jp/
	営業　03-5800-3120
	編集　03-5800-3121〔お問い合わせ用〕

※本書に記載のない内容のご質問や著者等の連絡先につきましては、お答えできかねます。

ISBN 978-4-7916-2789-9